potager débutant

Richard Bird

potager débutant

marabout

Publié pour la première fois en Grande-Bretagne en 2009 sous le titre *Hamlyn All Colour Gardening – 200 Veg-Growing Basics* par Hamlyn, un département de Octopus Publishing Group Ltd. 2-4 Heron Quays, Docklands, London E14 4JP.

Traduit de l'anglais par Marie-Anne Tattevin
Mise en page : les PAOistes

sommaire

introduction

Tous ceux qui y ont goûté le confirment : les légumes que l'on cultive soi-même sont bien meilleurs que ceux que l'on peut trouver dans le commerce. Les producteurs doivent cultiver des variétés supportant le transport, d'apparence et de taille uniformes, et qui mûrissent toutes en même temps, tandis que les jardiniers ont un choix plus vaste, ce qui leur permet d'opter pour des variétés plus savoureuses.

Par ailleurs, le goût est aussi une affaire de fraîcheur. Beaucoup de légumes tirent leur saveur de leur richesse en sucres. C'est le cas, entre autres, du maïs et des petits pois. Or, dès qu'ils sont cueillis, les sucres commencent à se dégrader en amidon. Ce qui explique que les petits pois que l'on trouve en grande surface ne peuvent pas concurrencer ceux que l'on cueille dans son potager juste avant de les cuisiner…

Avoir un potager permet de disposer de légumes à portée de main, par exemple de quelques oignons frais ou herbes aromatiques que l'on souhaite ajouter au dernier moment dans une salade. S'il y a un invité surprise, il suffit de récolter un peu plus de panais pour le repas…

Enfin, cultiver son potager procure beaucoup de plaisir au jardinier, qui peut ainsi passer de longs moments en plein air et profiter de la nature. Dernier avantage, il sait exactement ce qu'il met dans son assiette. Il lui suffit pour commencer d'un petit carré de jardin ou de quelques grands bacs disposés dans un patio. Et, bien sûr, d'un peu de temps… Avec ce livre, découvrez une foule de conseils et astuces utiles pour cultiver vos légumes et vous faire plaisir.

créer son potager

culture bio ou culture classique

Les médias parlent beaucoup des bienfaits des aliments bio sur notre santé et des risques liés aux pesticides et aux engrais chimiques. Mais le jardinage biologique reste également sujet à controverse : faut-il ou non employer des produits chimiques au potager ?

le jardinage bio

Si beaucoup de jardiniers ont recours aux produits chimiques de synthèse comme les engrais, les pesticides et les herbicides, les jardiniers biologiques évitent tous ces produits en raison de leur impact sur la santé mais aussi sur l'environnement, en particulier sur la faune sauvage. Ils n'utilisent comme pesticides que des produits dérivés des plantes ou d'origine naturelle.

un faux débat ?

Pour un bon jardinier, le débat entre culture bio ou culture classique ne devrait pas se poser. Faire soi-même son compost n'est pas une question d'idéologie, mais de bonne pratique du jardinage. Cultiver de façon équilibrée fleurs et légumes sur un même terrain est (p. 24) également une question de bon sens. Les insectes bénéfiques sont tout autant attirés par le jardin que les parasites, et il s'établit généralement un équilibre où le jardinier n'a pas besoin d'intervenir. En pratiquant une bonne gestion des cultures au potager (p. 40), vous ne devriez pas avoir besoin de traitements pour lutter contre les parasites. Et si un problème se pose, il est toujours possible d'éliminer la récolte et de recommencer. C'est l'un des grands avantages des cultures maraîchères par rapport aux cultures pérennes, comme celle des arbres et des arbustes.

amender le sol

Si votre terre est bonne, vous avez de grandes chances d'avoir une belle récolte. Votre jardin est peut-être déjà ancien et son sol presque parfait ou, au contraire, très récemment aménagé et encore envahi par les gravats, cailloux et autres. Dans le premier cas, vous n'aurez sans doute que peu d'efforts à faire pour améliorer le sol mais il faut quand même y travailler régulièrement. Dans le second cas, vous partez de zéro et une lourde tâche vous attend, qui ne devrait pourtant pas vous décourager car la réussite de votre potager est à ce prix.

le sol idéal

Le sol idéal est fertile, bien drainé, mais sans excès. En effet, il faut qu'il retienne suffisamment l'humidité pour alimenter les plantes, sans s'engorger par temps de pluie.

améliorer la texture

Un jardin nouveau sur une terre très argileuse est sans doute la situation la plus difficile à gérer. Toutefois, avec des soins appropriés pendant deux ans environ, vous pouvez obtenir un jardin très correct. Ce qu'il faut alors, c'est introduire une grande quantité de matière organique bien décomposée (humus), sous forme de compost de jardin, de compost à champignons, de fumier naturel ou de produits d'amendement du commerce. En travaillant la terre, vous briserez les mottes, et l'apport en humus encouragera la prolifération des vers de terre, qui allègent sa structure.

On peut aussi utiliser un substrat horticole pour améliorer le drainage et la structure du sol. Ce produit est à incorporer dans la terre en même temps que la matière organique. Pour plus de détails sur la préparation du sol, reportez-vous à la page 22.

améliorer la fertilité

La matière organique bien décomposée allège la structure du sol et l'enrichit en nutriments pour les plantes. Ajoutez de la matière organique en quantité (compost de jardin ou fumier) lorsque vous retournez la terre à la fin de l'automne. La décomposition sera terminée avant les semailles et plantations du printemps. Certaines plantes, comme les panais, n'aiment pas le compost frais ; il vaut mieux les semer dans des zones qui ont été traitées l'année précédente. Dans le catalogue, cette information sera précisée pour chaque plante.

Pour les cultures pérennes (sur plusieurs années), l'asperge par exemple, appliquez une couche de fumier ou de compost bien décomposé autour des plantes au début de chaque saison. Il n'est pas nécessaire de l'enfouir, les vers vont s'en charger.

D'autres fertilisants, comme la farine d'os, les algues ou le fumier de volailles bio, peuvent être utilisés pour stimuler la fertilité du sol. Il faut les répandre en couche légère à la surface du sol, puis ratisser avant de planter. S'il y a déjà des plants en place, répandez le fertilisant avant d'arroser. Suivez toujours les instructions spécifiques du produit.

le pH du sol

Si les végétaux sont généralement assez tolérants, l'acidité, ou l'alcalinité du sol, peut néanmoins jouer un rôle important. Le sol doit, le plus souvent, être neutre, soit proche de 7 pH, mais certaines cultures, comme les choux, demandent une légère alcalinité. Pour contrôler le taux d'acidité du sol, vous pouvez acheter un kit de test de sol dans une jardinerie. Simple d'utilisation, il vous indiquera le pH de votre sol.

Les sols acides peuvent être corrigés par l'ajout de chaux (chaux concassée ou carbonate de chaux), les sols alcalins par l'ajout régulier de compost ou de fumier. Un sol très alcalin est difficile à corriger. Dans ce cas, il peut être intéressant de recourir aux cultures en buttes surélevées ou en bacs.

faire son compost

Dans le potager, on a tendance à prélever les légumes à mesure qu'ils sont prêts à être consommés, et le sol s'appauvrit progressivement. Le compost permet de stocker les matières végétales le temps qu'elles se décomposent. Ensuite, on peut les restituer au sol, où il apporte des matières nutritives, améliore la structure du sol et favorise le drainage.

les composteurs

On peut fabriquer son composteur avec des planches, des palettes ou des briques, ou acheter un composteur, souvent en plastique. Le meilleur matériau est le bois, qui garde la chaleur et favorise la décomposition, tout en permettant au compost de respirer. L'idéal est d'avoir trois composteurs : l'un en cours de remplissage, l'autre en cours de décomposition, le troisième prêt à l'emploi.

que mettre dans le compost ?

- Utilisez tous les déchets de jardin et produits végétaux. Tout matériau ligneux doit être déchiqueté au sécateur ou au broyeur.
- Utilisez les déchets de cuisine crus, dont le thé, le café, les coquilles d'œuf.
- Utilisez le papier journal ou le carton, la cendre de bois, la paille.
- Évitez les racines de plantes vivaces, telles que le chiendent rampant, l'aegopode podagraire et les graines de mauvaises herbes.
- Évitez les déchets alimentaires cuits et non végétaux, qui risquent d'attirer les rats.

comment faire le compost ?

Empilez les matériaux dans le composteur : plus vous en mettez d'un coup, plus vous obtenez de chaleur qui aide à la décomposition. Après quelques semaines, sortez le contenu à l'aide d'une fourche pour l'étaler sur une bâche en plastique, retournez-le pour le mélanger, puis remettez-le dans le composteur. Répétez cette opération de temps en temps jusqu'à ce que vous ayez un compost brun, bien fragmenté, d'une odeur agréable. Il est alors prêt à l'emploi.

en rangées, en buttes ou en carrés

Le potager traditionnel, avec ses longs rangs parallèles séparés par des bandes de terre nue, est toujours d'actualité, mais il existe d'autres méthodes, peut-être mieux adaptées à des débutants. La première consiste à disposer les cultures en carrés, la seconde en buttes surélevées.

cultures en carrés

Il s'agit de disposer les cultures en carrés plutôt qu'en rangs. Cela permet de planter plus serré et d'avoir de meilleurs rendements. Les légumes ont tendance à être de plus petite taille, mais cela est compensé par la quantité produite. Les carrés ne doivent pas faire plus de 1,2 m de côté pour éviter de piétiner la terre. Un inconvénient est que l'air circule moins bien que dans les rangs, et la ventilation est importante pour prévenir les risques de rouille de mildiou et d'oïdium (p. 42 et 44).

cultures en buttes

Les buttes bordées de briques ou de planches permettent de cultiver plus en profondeur. Les racines s'enfoncent plus profondément, les plantes sont plus stables et mieux irriguées en période de sécheresse. Les buttes ont une dimension maximale de 1,2 m de côté pour que toute la surface reste aisément accessible. Cela permet de maintenir la structure du sol et il n'y a plus à creuser une fois que la butte est préparée.

La culture en buttes est une bonne solution pour les terres pauvres, car une grande partie du substrat est apportée, ce qui donne une terre riche en compost et bien drainée.

préparer la terre

La seule façon de bien préparer la terre est de la bêcher, ce qui permet de casser les mottes et d'éliminer en même temps les mauvaises herbes et les cailloux. L'automne est une bonne période, puisque le gel brise la structure du sol. Au printemps, avant de planter ou de semer, nettoyez de nouveau le sol pour enlever les mauvaises herbes.

où placer les végétaux ?

Il ne suffit pas de dessiner un plan du jardin. Regardez-le bien et sélectionnez un emplacement pour les légumes qui soit bien exposé au soleil et à l'air, en évitant l'ombre sous les arbres. Vérifiez aussi que le sol soit suffisamment drainé. Si ce n'est pas le cas, choisissez un autre emplacement : on ne peut pas faire pousser des légumes dans une terre gorgée d'eau. L'idéal est un sol riche, meuble et fertile. Dans le cas contraire, sachez que vous pourrez l'améliorer avec le temps.

nettoyer la terre

Il faut ensuite enlever tous les déchets éventuels, ainsi que les mauvaises herbes. Sur un sol léger, désherbez à la main. Sur un sol lourd et argileux, c'est impossible mais vous pouvez couvrir le sol d'une bâche plastique noire ou d'un vieux tapis jusqu'à ce que les mauvaises herbes aient disparu (ce qui prend des mois, voire au moins un an pour les plantes vivaces). Vous pouvez également employer un désherbant. Si vous respectez le mode l'emploi, vous ne devriez avoir à l'utiliser qu'une seule fois.

bêcher la terre

Bêchez pour retourner la terre de façon méthodique, à une profondeur de 30 cm ou plus. Enlevez les mauvaises herbes au fur à et mesure, ainsi que les éventuels déchets. Profitez-en pour incorporer à la terre des matières organiques bien décomposées (p. 12). Plus vous enfouissez cette matière profondément, mieux c'est car cela contribue à maintenir le sol humide, même lorsque la surface se dessèche. Si le sol est très lourd, ajoutez une bonne quantité de substrat horticole pour améliorer le drainage.

L'automne est la meilleure saison pour préparer la terre car le gel va finir de briser les mottes. De même, les résidus de mauvaises herbes qui restent en terre vont repousser en hiver et vous pourrez les éliminer plus facilement au printemps suivant.

juste avant de semer ou de planter

Au printemps, ratissez pour aplanir la surface et affiner la terre. Juste avant de planter, ratissez à nouveau en incorporant un engrais à base de sang, poisson et os, en respectant les doses indiquées. En attendant de savoir reconnaître les carences du sol à l'aspect des plantes, vous pouvez utiliser un kit de test du sol et ajouter les engrais en conséquence. Vous pouvez alors commencer à semer.

durant l'année

Lorsque vous replantez après la récolte, il n'est pas nécessaire de refaire toute la préparation. Enlevez les mauvaises herbes et les résidus de la récolte précédente. Griffez légèrement le sol en surface, puis ratissez. Sur les sols légers et secs, contentez-vous d'un simple ratissage pour éviter de perdre l'humidité du sol. Vous pouvez incorporer un peu d'engrais à ce stade. Arrosez généreusement avant de semer.

un potager ornemental

Traditionnellement, fleurs et légumes poussent sur des espaces séparés, mais nous vous invitons à les disposer autrement. Les végétaux peuvent être très décoratifs, même au potager, et pourquoi ne pas apprécier leur beauté, au jardin et sur votre assiette ?

le charme des jardins de curé

Dans ce type de jardin, parfois aussi appelé jardin de grand-mère, plantes ornementales, herbes et légumes sont mélangés dans les plates-bandes. Sans doute, à l'origine, ces jardins ont été conçus ainsi par manque de place. Mais le résultat est là : les haricots grimpants, guidés sur une structure en tipi, au milieu de fleurs écarlates et de plans d'artichauts au beau feuillage argenté, forment une composition très réussie.

le potager décoratif

Des paysagistes ont imaginé de développer le côté esthétique du potager en jouant sur la disposition des plantes, les textures, les couleurs et les formes. C'est comme un tableau aux touches de couleurs très variées, avec des arbres fruitiers pour donner une architecture verticale, des allées qui sillonnent entre les carrés, les plates-bandes ou les rangées, des plantes isolées pour créer un effet de surprise par endroits.

des légumes très décoratifs

Si vous voulez travailler le caractère ornemental du potager, certaines espèces vous y aideront : la poirée à carde rouge, les poivrons et piments buissonnants, les courgettes à fruits verts, jaunes ou bigarrés, les haricots grimpants avec leurs fleurs abondantes, écarlates, blanches ou roses, les plants de tomates aux fruits rutilants, rouges, orange ou jaunes.

la culture en bacs

Il n'y a pas besoin d'avoir un grand jardin pour faire pousser des légumes. Un balcon peut faire l'affaire. Avec un peu d'expérience, on peut réussir presque toutes les cultures en pots.

choisir le bon contenant

La plupart des bacs peuvent faire l'affaire. Les grands pots en terre ou en céramique, simples ou décoratifs, sont parfaits pour décorer un patio ou un balcon. On peut aussi utiliser de vieilles poubelles, moins élégantes, mais idéales pour les pommes de terre, ou même de grands sacs à gravats, suffisamment résistants. Vous pouvez également assembler quelques planches pour faire un bac, mais n'oubliez pas de le faire le plus grand possible. Plus le bac est grand, plus la terre reste humide longtemps et plus le compost garde sa fraîcheur autour des racines.

le bon compost

Un substrat naturel à base de terre est l'idéal. Les composts à base de tourbe, trop légers, sont difficiles à maintenir humides. Ajoutez une bonne quantité d'humus sous forme de compost de jardin bien décomposé ou de fumier (voir p. 12) et améliorez le drainage par l'apport de substrat horticole. Mettez le conteneur en place avant de le remplir, car il sera très lourd.

le bon emplacement

Choisissez un emplacement dégagé et ensoleillé. L'ombre permanente d'un arbre ou d'un immeuble est à éviter.

un entretien régulier

Les cultures en pots demandent un arrosage régulier car il ne faut pas que la terre se dessèche. Mais comme cet arrosage a tendance à lessiver les éléments nutritifs, un apport d'engrais liquide doit être fait une fois par semaine en période de croissance.

organiser vos plantations

Si vous disposez d'un très grand jardin et que vous avez une famille à nourrir, un grand choix de variétés s'offre à vous. Mais si vous manquez de temps et/ou d'espace, vous devrez faire des choix parfois drastiques.

sélectionner les végétaux

Si vous n'avez pas beaucoup d'espace, optez plutôt pour les légumes plus diffciles à trouver dans le commerce, comme les petits pois, les panais ou les topinambours. Vous pouvez aussi choisir des légumes ou des aromates que vous ne consommez qu'en faible quantité, comme les oignons verts. Enfin, faites-vous plaisir et privilégiez ceux qui ont vraiment un goût différent quand ils sont produits au jardin, comme les tomates gorgées de soleil ou les pommes de terre nouvelles.

pour avoir de bonnes récoltes

Cherchez à obtenir un bon rendement au jardin. Si l'espace est limité, choisissez des variétés qui ne prennent pas trop de place. Les cultures associées sont très intéressantes : vous pouvez semer des salades ou des radis, à croissance rapide, entre les rangs de cultures plus lentes, comme les choux de Bruxelles ou les brocolis. Les laitues seront mangées avant que les choux ne commencent à prendre plus de place.

La culture dérobée, qui consiste à semer dès que la première récolte est effectuée, permet aussi d'augmenter le rendement.

n'en faites pas trop !

Résistez à la tentation de semer toutes les graines du paquet. Ne semez que ce que vous pourrez manger. Il est préférable de semer quelques laitues, pour recommencer trois semaines plus tard, afin d'étaler la production dans le temps.

la rotation des cultures

Il est préférable de ne pas cultiver les mêmes plantes à la même place chaque année pour éviter que les parasites et les maladies spécifiques s'installent dans le sol.

le principe

On peut diviser les légumes en quatre groupes, selon leur vulnérabilité aux parasites et aux maladies. Pour organiser la rotation, on divise l'espace disponible en quatre zones. On regroupe les légumes-racines ou les choux sur une zone une année, puis on les déplace vers la zone suivante l'année suivante, et ainsi de suite, pour revenir à la zone initiale la cinquième année. On peut aussi simplement subdiviser les rangées pour réaliser cette rotation. Si vous cultivez les légumes en pots, changez le substrat chaque année pour éviter l'accumulation de parasites.

les quatre grands groupes

- **Les légumineuses :** haricots et petits pois.
- **Les choux :** brocolis, choux romanesco, choux-fleurs, choux de Bruxelles, choux verts, choux-raves, choux frisés, rutabagas et navets.
- **Les légumes-racines :** pommes de terre, carottes, panais, céleris, fenouils, avec d'autres cultures associées comme les tomates, aubergines, poivrons et piments.
- **La famille des oignons et les cucurbitacées :** ail, poireaux, oignons, échalotes, oignons verts, concombres, courgettes, courges, potirons et citrouilles.

les autres plantes

Les plantes qui n'appartiennent pas à l'un des quatre grands groupes cités plus haut peuvent être disposées là où il y a de la place, tandis que les cultures pérennes, comme la rhubarbe, les asperges et le chou marin, occuperont un espace réservé.

la multiplication

Acheter des jeunes plants dans les jardineries est sans doute la solution la plus simple, mais faire ses semis est plus gratifiant et surtout plus économique. Cela permet en outre de multiplier le choix de variétés disponibles.

les semences

La plupart des légumes peuvent se reproduire par germination, à l'exception des artichauts, de la rhubarbe, des pommes de terre et des topinambours (p. 34).

Achetez chaque année des semences fraîches. Les catalogues des grainetiers offrent un choix très large et sont une source précieuse d'informations. Les graines peuvent être mises directement en terre. Dans ce cas, pas besoin de repiquer la plante une fois développée. Mais vous pouvez aussi préparer vos semis dans des petits pots et transplanter ensuite les pieds au jardin ou dans de grands bacs.

semer directement en terre

Évitez les semis trop précoces. Attendez que la terre se soit réchauffée et asséchée pour éviter les risques de pourriture. Le sol est prêt lorsque la terre est meuble et friable. Utilisez la fourche pour l'aérer, puis ratissez, en marchant s'il le faut sur des planches pour éviter de tasser la terre.

Utilisez un bâton pour tracer les sillons dans lesquels vous déposerez les semences, en suivant les instructions du grainetier pour connaître la profondeur idéale. Si le temps est sec, arrosez les sillons. Déposez les graines éparses, puis recouvrez-les en ramenant doucement la terre dans le sillon et tassez légèrement avec le dos du râteau. Arrosez avec la pomme de l'arrosoir pour que l'eau n'entraîne pas les graines.

les grandes plantes

Les semences des grandes plantes, comme les panais, doivent être réalisées en pleine terre pour éviter le gaspillage. On mettra deux ou trois graines dans chaque trou (on appelle poquet les trous contenant plusieurs graines). Une fois que les pousses se seront développées, on éclaircira les semis en ne conservant que le plant le plus robuste. On peut aussi semer en sillon et repiquer ensuite les plants quand ils sont assez solides pour être manipulés sans risque.

semer en pots

Les semis peuvent aussi se faire dans des petits pots ou des terrines alvéolées, à l'intérieur ou sous serre. Cela permet de semer plus tôt et d'avoir des plants à repiquer dès que la terre est suffisamment chaude. On évite aussi les pertes de semences dues aux rongeurs.

Remplissez les pots de compost et secouez-les pour tasser la terre. Éparpillez les semences sur la terre, puis recouvrez-les d'un peu de compost. Les terrines alvéolées sont pratiques, on peut replanter toute la motte sans abîmer les racines. On dépose généralement deux ou trois semences dans chaque alvéole pour éclaircir dès que les plantules apparaissent.

fortifier les plants

Les semis sous abri doivent être endurcis avant d'être mis en pleine terre : il s'agit de les habituer progressivement à des températures plus fraîches. Sortez-les quelques heures le premier jour et augmentez progressivement le temps d'exposition à l'extérieur, pendant une semaine environ, avant de les repiquer.

autres formes de reproduction

Les pommes de terre et les topinambours sont issus de tubercules qui doivent être plantés dans des tranchées et espacés.

Les artichauts et la rhubarbe se multiplient par division. Au début du printemps, déterrez une touffe et divisez-la en sections ayant chacune des racines et au moins un bourgeon, que l'on trouve sur les bords de la touffe. Enlevez les racines cassées et mettez en terre à la même profondeur que le pied mère.

nourrir vos plantations

La préparation des planches est une étape importante car c'est à ce moment-là qu'on apporte des substances nutritives à la terre. Si votre sol est bien préparé, vous ne devriez pas avoir besoin de rajouter d'engrais en cours de croissance, sauf pour les cultures en pots.

pourquoi nourrir ?

Les plantes seront ainsi plus grandes et moins sensibles aux maladies, la récolte sera plus abondante. La prévention est toujours la meilleure méthode, surtout si vous souhaitez éviter les traitements chimiques.

les substances organiques

Il est important d'amender régulièrement le sol avec des matières organiques. Vous pouvez employer du compost de jardin bien décomposé ou du fumier, tous deux très riches en substances nutritives et qui améliorent la structure du sol en favorisant le développement d'organismes bénéfiques, comme les vers de terre. Ajoutez de la matière organique chaque fois que vous travaillez la terre au printemps.

les autres engrais

La plupart des jardiniers utilisent des produits à base d'algues, de sang séché, de poisson ou d'os. Les engrais liquides sont utiles pour les cultures en pots et pour booster la croissance des plantes au moment où elles produisent des fruits. On trouve des engrais liquides biologiques.

Si vous voulez éviter toute carence en substances nutritives ou minérales, utilisez un kit pour évaluer votre sol et déceler les problèmes éventuels que vous traiterez en choisissant l'engrais le mieux adapté.

l'arrosage

L'eau est essentielle pour toutes les plantes, spécialement pour les légumes qui en contiennent en grande quantité. Si elles manquent d'eau, les plantes peuvent mourir ou donner des légumes trop petits et ligneux.

conserver l'eau

Mieux on la conserve, moins on a besoin d'en rajouter, ce qui permet de gagner du temps et de l'argent. Un sol enrichi en matières organiques garde mieux l'humidité ; il ne faut donc pas hésiter à en apporter en quantité suffisante (voir p. 12). Les matières organiques forment également une bonne couverture végétale qui empêche l'évaporation en surface : étalez une couche de compost, de feuilles mortes ou de paille sur le sol nu. Les couvertures synthétiques, comme le polyéthylène, aident aussi à prévenir l'évaporation, mais elles ne sont pas très esthétiques et ne permettent pas d'enrichir le sol.

quand et comment arroser

La plupart de l'eau nécessaire au développement des plantes est fournie par la pluie mais, en période de sécheresse, il faudra arroser vos cultures (même celles que vous avez paillées). Vous pouvez utiliser de l'eau de pluie stockée dans des réservoirs ou l'eau du robinet. Employez un arrosoir ou un tuyau pour bien imprégner le sol. Les arroseurs automatiques sont pratiques, mais les pistolets raccordés à un tuyau sont peut-être plus économiques. Arrosez lorsque le sol est sec en surface, et de préférence le soir : évitez les heures chaudes car l'eau s'évapore dès qu'elle touche le sol.

Dans les pots, la terre se dessèche plus vite, surtout s'ils sont petits. Arrosez dès que la surface est sèche. Par temps chaud, vous devrez sans doute le faire une ou deux fois par jour.

parasites et maladies

C'est la hantise des jardiniers qui redoutent toujours une invasion de pucerons ou un cas de mildiou. Mais les maladies graves sont rares au potager, surtout si vous pratiquez une prévention adaptée.

la prévention avant tout

Si vous décelez des plants malades, il est plus simple de les arracher et de les brûler que d'essayer de les traiter avec des produits chimiques. Les légumes ont une croissance rapide et vous pouvez facilement repartir à zéro. Vous trouverez en pages 42 à 44 une liste des parasites et des maladies les plus courants. Ils peuvent faire des dégâts, mais vous pouvez éviter bien des problèmes avec une bonne gestion de vos plantations et quelques mesures de bon sens. La clé du succès est de garder les plantes en bonne santé, aptes à résister aux problèmes potentiels.

Si vous ne faites pas vos semis, achetez des plants d'origine fiable et ne plantez jamais de légumes qui ont l'air malades, surtout parmi les choux. Offrez toujours à vos cultures les conditions de croissance optimales : beaucoup de lumière, beaucoup d'air (mais pas trop de vent), beaucoup d'eau et de substances nutritives. Ne laissez pas la sécheresse stopper la croissance des plantes : paillez le sol et arrosez régulièrement pour maintenir la terre humide.

De nombreux ravageurs ont des prédateurs naturels : les coccinelles, les chrysopes et les syrphes dévorent d'importantes quantités de pucerons, les coléoptères se nourrissent de limaces et de toutes sortes de larves souterraines. Si vous prévoyez des plates-bandes avec une grande variété de fleurs, vous pourrez observer une vie sauvage diversifiée dans le jardin, ce qui veut dire que l'équilibre biologique est respecté.

aleurodes

Ces petits insectes blancs, suceurs de sève, peuvent être éliminés avec des plaquettes jaunes encollées ou un prédateur biologique.

altises des crucifères

Ces petits coléoptères brillants sautent sur les feuilles et les tiges et les perforent. Leurs larves dévorent les racines, ce qui affaiblit les plantes. Pour éviter leur attaque, mettez les plants sous cloche ou sous un voile. Si les altises apparaissent, pulvérisez de la roténone, qui peut également être appliquée en prévention.

araignée rouge

Rarement un problème au potager, plutôt dans les serres. Les petites araignées rouges ou brunes sucent la sève et les feuilles deviennent argentées, puis jaunes. Comme elles aiment les conditions plutôt sèches, veillez à conserver une atmosphère humide par pulvérisation d'eau et arrosage du sol des serres.

chenilles

Elles attaquent surtout les choux. Couvrez les plantations d'un voile pour empêcher les papillons d'y pondre, ou récoltez les chenilles à mesure qu'elles apparaissent.

hernie du chou

La hernie du chou provoque une distorsion et un renflement des racines. Quand elle apparaît, il faut arracher et brûler toute la récolte. Pour éviter ce ravageur, pratiquez la rotation des cultures (p. 30) et corrigez l'acidité du sol (il faut qu'il soit légèrement alcalin). Achetez des plants d'origine fiable ou faites vos semis.

limaces et escargots

Les gastéropodes sont souvent le plus gros problème au jardin. La meilleure façon de s'en débarrasser est de sortir la nuit avec une lampe torche et de les détruire. Si vous acceptez d'utiliser des produits chimiques, les granulés sont efficaces.

mildiou de la pomme de terre

Ce champignon attaque les cultures de tomates et de pommes de terre ; il produit des taches brunes sur le dessus des feuilles et des branches, et des spores

En haut : *Pucerons* (à gauche)*; mildiou de la pomme de terre* (à droite).
En bas : *Chenilles* (à gauche)*; hernie du chou* (à droite).

blanches dessous. Choisissez des variétés résistantes et espacez les plants pour que l'air circule. Arrachez les plants contaminés et brûlez-les.

mouche du chou

La mouche pond ses œufs près de la plante et la larve s'enfonce dans le sol pour ronger les racines, ce qui affaiblit la plante. Pour éviter que les larves n'atteignent les racines, plantez les jeunes choux à travers une couche de feutre posée au sol.

oïdium

Affection fongique donnant un aspect blanc et poudreux aux feuilles et aux tiges. Arrosez suffisamment et favorisez la ventilation. Si l'oïdium apparaît, enlevez les feuilles affectées et brûlez-les.

oiseaux

Les pigeons en particulier attaquent les jeunes plants. Utilisez des épouvantails ou des filets, voire une cage grillagée posée sur le carré de plants.

pucerons

Ils causent rarement de vrais problèmes. En cas d'attaque sérieuse, vous pouvez écraser les pucerons entre vos doigts ou les éloigner avec un fort jet d'eau.

rongeurs

Les rongeurs s'attaquent aux jeunes plants de pois et de haricots. Vous pouvez mettre des pièges ou semer en quantité suffisante pour supporter quelques pertes.

rouille

Cette affection fongique attaque quelques plantes comme les poireaux et les haricots, formant des pustules jaunes ou brunes sur le feuillage. Ignorez-la tant qu'elle ne provoque pas de problème.

virus

Tous incurables, ils se manifestent par un retard de croissance et une déformation des plantes, avec des décolorations et des motifs inhabituels sur les feuilles, de type moucheté ou mosaïque. Détruisez les plantes touchées en cas d'infestation.

En haut : *Altises* (à gauche)*; oïdium* (à droite).
En bas : *Rouille* (à gauche)*; aleurodes* (à droite).

protéger vos plantations

Il y a plusieurs façons de protéger les plantes du froid et des ravageurs. Une barrière de verre ou de plastique permet d'avancer les cultures de quelques semaines. Les voiles peuvent faire barrage aux parasites.

les serres

Une serre est particulièrement intéressante pour les tomates, aubergines et autres cultures fragiles, qui se portent mieux à une température constante et plus élevée. Une serre chaude peut être utile pour la germination.

les châssis

Ce sont comme des petites serres au niveau de la terre. La nuit, on peut les recouvrir d'un tapis pour éviter les pertes de chaleur. On les emploie aussi pour endurcir les jeunes plants (p. 34).

les cloches

Les cloches sont utilisées pour couvrir des plants isolés et maintenir un peu plus chauds la terre et l'air autour de la plante. Les cloches en verre sont plus efficaces, mais plus chères que celles en plastique. Attention : une bonne aération est nécessaire pour éviter les maladies fongiques. Arrosez régulièrement pour maintenir la terre humide.

le voile horticole

Ce textile léger et tissé permet de protéger les plantes du gel, surtout des gels tardifs. Il sert également à éloigner les insectes des semis.

le micropore

Ce textile fin non tissé protège les plantes des insectes, comme les chenilles ou la mouche de la carotte. Transparent, il peut être employé comme protection permanente.

récolter et stocker vos légumes

Les premières récoltes sont toujours un grand moment de plaisir, d'autant que les primeurs ont un goût vraiment délicat. Mais le jardinier éprouve aussi toujours beaucoup de fierté quand il peut consommer toute l'année des légumes de ses cultures.

quand récolter

D'une manière générale, il faut veiller à un délai aussi court que possible entre la récolte et la consommation. Vous apprécierez mieux la saveur et la teneur en vitamines de vos légumes.

Généralement, on voit bien quand les légumes sont prêts à être cueillis et ils sont souvent meilleurs petits. Donc, cela n'est pas grave si la récolte est précoce. Si vous n'êtes pas certain qu'ils sont mûrs, cueillez-en quelques-uns pour les goûter.

Pour beaucoup de légumes, la saison se termine quand ils commencent à durcir et prennent une consistance ligneuse. Il faut donc les récolter avant.

Les poireaux, les choux et les choux-fleurs peuvent être laissés en terre jusqu'au moment de les consommer. La plupart des légumes-racines supportent aussi très bien l'hiver et il est préférable de les récolter au dernier moment. Les panais sont plus savoureux après les premiers gels.

comment stocker

Après la récolte, conservez les légumes dans un endroit frais, bien ventilé, à l'abri du gel. Les cageots ou les sacs en jute sont pratiques. Certains légumes, comme les carottes et les pommes de terre, exigent une protection de sable ou de tourbe.

La plupart des légumes supportent la congélation. On peut aussi faire des conserves pour les consommer plus tard. Vous trouverez plus de détails sur la récolte et la préparation dans les pages consacrées aux différentes espèces.

les légumes du potager

ail

L'ail est utilisé un peu partout dans le monde et c'est un légume assez facile à cultiver. En avoir dans son potager est intéressant pour pouvoir profiter des récoltes de printemps, quand l'ail est encore jeune, tout frais et gorgé de sève.

situation et sol

L'ail apprécie les situations ensoleillées et dégagées, et les sols légers. Si le sol est lourd, incorporez-y une grande quantité de matière organique et de substrat pour un meilleur drainage. Le sol doit être modérément riche, il vaut mieux planter l'ail dans une terre qui a été engraissée pour la récolte précédente, au printemps ou à l'automne. Évitez les terres fraîchement fumées.

semis et plantation

L'ail est planté à partir des caïeux, bourgeons issus d'un bulbe. Il est préférable d'acheter un cultivar spécifique adapté à vos conditions. Pour un résultat optimal, plantez les caïeux à la fin de l'automne pour qu'ils subissent deux mois en terre entre 1 et 10 °C. On peut aussi les planter à la fin de l'hiver.

Plantez-les individuellement, pointe en haut, à une distance d'environ 2,5 cm de la surface. Espacez les rangs de 30 cm et les caïeux de 15 cm, ou pour les cultures en carré, 20 cm de chaque côté (p. 18).

	J	F	M	A	M	J	J	A	S	O	N	D
Planter		●								●	●	
Récolter						●	●					

Délai entre la plantation et la récolte : 26 à 36 semaines

entretien

Nettoyez entre les plants : enlevez les mauvaises herbes, de préférence à la main, pour ne pas endommager les bulbes.

problèmes

L'ail ne pose généralement pas de problème, à l'exception d'attaques fongiques occasionnelles. Les plus fréquentes sont la rouille (p. 44) et la pourriture blanche de l'oignon, qui donnent des feuilles jaunes et fanées. Si vous arrachez un bulbe, vous y verrez un dépôt duveteux blanc, avec des taches noires sur les racines. Ce champignon peut infester la terre durablement, il faut donc veiller à la rotation des cultures (p. 30). En cas d'attaque, il faut arracher les plants infectés et les brûler. Mais si cela se produit juste avant la récolte, vous pourrez vous contenter d'éliminer les zones attaquées en arrachant les bulbes.

récolte

L'ail planté en automne se récolte au début de l'été, lorsque les feuilles jaunissent ; celui qui est planté à la fin de l'hiver, un peu plus tard. Laissez sécher les bulbes et débarrassez-les des traces de terre avant de les stocker. Si vous aimez l'ail frais, récoltez les bulbes immatures tant que les feuilles sont encore vertes.

stockage

Conservez dans un lieu frais, sec et bien ventilé, dans des sacs à filets, par exemple. On peut aussi tresser les bulbes de façon décorative, mais il ne faut pas les suspendre dans une cuisine chauffée, où ils ne se garderont pas longtemps. Certaines variétés se conservent mieux, soyez-y attentif à l'achat.

variétés

'Arno', 'Flavor', 'Fructidor', 'Gayant', 'Germidour' (violet), 'Printanor', 'Goulurose'.

poireau

Le poireau est un grand classique de la cuisine d'hiver, idéal pour les soupes, gratins et tartes aux légumes. On peut le laisser en terre jusqu'au moment de le cuisiner. Avec une bonne sélection de cultivars, vous pourrez disposer de poireaux frais, de l'automne au printemps.

situation et sol

L'emplacement idéal est dégagé, avec un sol bien drainé, mais humide, jamais engorgé en hiver. Essayez la culture en buttes (p. 18) avec un sol très riche en humus.

semis et plantation

Le poireau peut être semé en pots sous abri, ou directement en pleine terre, puis transplanté. Semez clair, en caissettes à alvéoles, dans un bon compost, et conservez dans une serre froide. Après les avoir endurcis (p. 34), replantez en terre lorsque les plants ont atteint une hauteur de 20 cm. Faites des trous de 12 à 15 cm de profondeur pour y placer les poireaux. Ne remplissez pas les trous de terre, mais d'eau. Espacez les poireaux de 10 à 15 cm, en rangs distants de 30 cm. En carré, espacez les poireaux de 15 à 23 cm de toutes parts.

En semis direct, placez les semences dans des sillons (p. 32) au début du printemps, puis transplantez comme expliqué ci-dessus.

	J	F	M	A	M	J	J	A	S	O	N	D
Semer		•	•	•	•							
Planter			•	•	•	•						
Récolter	•	•	•	•						•	•	•

Délai entre la plantation et la récolte : 16 à 20 semaines

entretien

Une fois que les poireaux ont grossi pour remplir leur trou, on peut les butter pour obtenir une tige blanche : ramenez la terre autour de la tige pour exclure la lumière. Désherbez à la main pour ne pas risquer d'abîmer la récolte.

problèmes

La rouille du poireau (p. 44) est le souci le plus commun, elle produit comme une poudre dorée sur les feuilles. Ce n'est pas un problème grave, on peut l'ignorer. Arrosez régulièrement par temps sec, et évitez de planter trop serré à titre préventif. Les plants peuvent aussi monter en tige, formant une tige dure et porter des fleurs. Un bon arrosage est la meilleure prévention.

récolte

Les poireaux peuvent être laissés en terre pour être récoltés à mesure de ses besoins. Certains cultivars précoces peuvent ramollir au cours de l'hiver : il est donc judicieux de planter aussi quelques cultivars tardifs pour prendre le relais.

stockage

Les poireaux se conservent mieux en terre ; ils s'abîment vite une fois arrachés.

variétés

poireaux hâtifs : 'Gros court d'été', 'Swiss Giant', 'Malabar', 'Monstrueux d'Elbeuf', 'Gros jaune du Poitou'
poireaux d'hiver : 'Monstrueux de Carentan', 'Bleu d'hiver', 'Géant d'hiver', 'Winter'
poireaux nains : 'Amor', 'Edison', 'King Richard'

oignon

C'est probablement le légume le plus indispensable en cuisine. Si vous cultivez des oignons, vous en aurez toujours sous la main, et de toutes les tailles. On peut les obtenir à partir de semis ou de jeunes plants à repiquer.

situation et sol

Les oignons ont besoin d'une situation dégagée et ensoleillée. Le sol doit être bien drainé et suffisamment fertile. Incorporez du fumier dans la terre en automne pour les plantations du printemps, au printemps pour planter à l'automne.

semis et plantation

Les oignons peuvent se cultiver à partir de semis ou de petits bulbes. Semez dans des caissettes à alvéoles placées sous serre en hiver, puis replantez au printemps. On peut aussi semer directement en pleine terre, en sillons peu profonds (p. 32), au printemps ou à la fin de l'été pour une récolte précoce.

Plantez les bulbes à la fin de l'hiver, si le sol n'est pas gorgé d'eau, ou au début du printemps. Espacez-les de 10 cm en rangs distants de 30 cm, ou de 15 cm de toutes parts pour les cultures en carré. Les pointes doivent juste affleurer au sol. Vous pouvez aussi acheter des bulbes à planter en automne pour une récolte précoce.

	J	F	M	A	M	J	J	A	S	O	N	D
Semer	•	•	•	•					•			
Planter	•	•	•	•					•	•		
Récolter						•	•					

Délai entre la plantation et la récolte : 18 à 42 semaines, selon la méthode

entretien

Enlevez les mauvaises herbes à la main avec précaution pour ne pas endommager les bulbes. Faites attention de ne pas les déterrer.

problèmes

Les oignons peuvent souffrir de la pourriture blanche (p. 54), du mildiou (p. 42) et de la pourriture des bulbes qui ne se manifeste habituellement qu'après la récolte. Les oignons deviennent mous et une pourriture verte duveteuse se développe au collet. Pour éviter ces problèmes, la rotation des cultures (p. 30) et une bonne hygiène sont indispensables. Veillez à une bonne ventilation par des cultures suffisamment espacées. Éliminez les plantes infectées pour stopper la propagation du mal. Les semis semblent plus résistants que les bulbes. La mouche de l'oignon peut également poser problème, avec ses larves qui creusent le bulbe et mangent la racine. Pour éviter ce problème, utilisez un voile horticole que vous placez autour des bulbes dès la plantation.

récolte

Laissez les feuilles retomber et se dessécher, puis détachez les bulbes du sol avec précaution. Laissez-les finir de mûrir quelques jours au soleil.

stockage

Conservez les oignons dans un lieu frais et sec, de préférence suspendus dans des sacs ou des filets, ou confectionnez des tresses afin que l'air puisse circuler entre les bulbes. Les oignons ne doivent pas être suspendus dans une cuisine chauffée, où ils risquent de se ratatiner. On peut aussi les conserver en caissettes de bois ventilées.

variétés

oignons jaunes : 'Doux des Cévennes', 'Paille des Vertus', 'Doré de Mulhouse', 'Jaune de Kelsae', 'Astros'
oignons rouges : 'Foncé de Brunswick', 'Long de Florence', 'Csardas', 'Morena', 'Rosé de Roscoff'
oignons blancs : 'Blanc de Paris', 'Blanc très hâtif de la Reine', 'Premier'

échalote

Les échalotes poussent en petits bouquets de bulbes, plus fins et plus doux que les oignons. Elles sont irremplaçables dans les plats mijotés et les délicieuses poêlées. Elles sont utilisées dans les plats orientaux et crues dans les salades. Bien stockées, elles se conservent tout l'hiver.

situation et sol

Les échalotes préfèrent une situation découverte, ensoleillée, mais tolèrent un peu d'ombre. Le sol doit être bien drainé et moyennement fertile. L'idéal est une terre fumée lors d'une culture précédente. On peut aussi fumer la terre à l'automne précédent la plantation.

semis et plantation

Les caïeux se plantent habituellement à la fin de l'hiver ou au début du printemps. Dans les régions chaudes et sèches, cela peut être plus tôt, à la fin de l'automne ou au début de l'hiver. Placez les caïeux dans des trous dans la terre, de sorte que seule la pointe dépasse. Plantez à 15 cm d'intervalle en rangs distants de 25 cm, ou espacez de 20 cm dans toutes les directions pour les cultures en carrés (p. 18).

On peut aussi procéder à des semis, qui vont produire des bulbes isolés plutôt qu'en bouquets. Semez en sillons peu profonds (p. 32) et éclaircissez les semis de 5 cm de toutes parts.

	J	F	M	A	M	J	J	A	S	O	N	D
Semer			•	•								
Planter	•	•	•									
Récolter						•	•	•				

Délai entre la plantation et la récolte : 20 à 28 semaines

entretien

Désherbez régulièrement, de préférence à la main pour ne pas endommager les bulbes. Attention de ne pas déloger les bulbes en même temps que les mauvaises herbes. Arrosez par temps sec en période de développement des bulbes.

problèmes

Les échalotes sont sujettes aux mêmes maladies que les oignons (p. 62), mais leur culture pose en général moins de problème. Peu après la plantation, les bulbes peuvent sortir de terre, poussés par la croissance de leurs racines ou bousculés par des moineaux à la recherche de matériau pour construire leur nid. Veillez à bien enfoncer les caïeux jusqu'à la pointe et remettez-les en terre s'il le faut.

récolte

Laissez le feuillage mourir naturellement avant d'arracher les bouquets de bulbes. Tout comme les oignons, laissez les échalotes finir de mûrir au soleil quelques jours. Quand la peau sèche commence à bruisser au frottement, on peut séparer les bulbes.

stockage

Conservez tout l'hiver dans un lieu frais et sec, dans des sacs à filets ou de ficelle, ou dans des caissettes à claies. Il faut que l'air circule bien autour des bulbes. On peut aussi tresser les échalotes, mais il ne faut pas les conserver dans une cuisine chauffée.

variétés

rondes : 'Griselle', 'Ronde de Jersey', 'Polka', 'Red Sun'
longues : 'Mikor', 'Jermor', 'Longor', 'Pesandor'

ciboule

La ciboule, ou oignon vert, apporte une touche parfumée aux salades. On l'utilise également pour les sauces et c'est un ingrédient très courant dans la cuisine asiatique. Les petits oignons blancs sont cultivés de la même manière.

situation et sol

La ciboule aime les situations découvertes et ensoleillées, mais elle peut aussi être semée près d'une grande haie, à condition qu'il y ait suffisamment de lumière. Il lui faut un sol bien drainé, pas trop fertile. Une terre fumée pour une culture précédente est idéale. Les oignons à mariner peuvent être cultivés dans un sol plus pauvre. Faites les cultures précoces sous abri, châssis ou serre, le cas échéant. La ciboule peut aussi être cultivée en bac.

semis et plantation

Semez en extérieur, du début du printemps au début de l'été, ou sous abri, du milieu de l'hiver à la fin de l'été. Placez les semences dans des sillons peu profonds (p. 32), d'environ 1 cm de profondeur, en rangs espacés de 15 cm. Si la terre est sèche, arrosez les sillons au préalable.

Éclaircissez les semis à environ 2 cm lorsque les plantules apparaissent. Si vous cultivez en carrés (p. 18), éclaircissez à environ 2 cm de toutes parts.

	J	F	M	A	M	J	J	A	S	O	N	D
Semer	•	•	•	•	•	•						
Récolter						•	•	•	•	•	•	

Délai entre la plantation et la récolte : 8 semaines

entretien
Il n'y a pas grand-chose à faire, à part désherber. Faites-le avec précaution pour ne pas déterrer les jeunes plants. Arrosez si le temps est sec.

problèmes
Les oignons verts sont sujets aux mêmes parasites et maladies que les oignons (p. 62), mais comme cette culture est rapide, les problèmes sont rarement graves. En cas d'attaque sérieuse, il vaut mieux éliminer toutes les plantes et recommencer sur une nouvelle parcelle. La ciboule peut durcir si elle manque d'eau, veillez à un arrosage régulier.

récolte
Elle peut se faire dès que les oignons ont atteint une taille suffisante. Les plants s'arrachent facilement mais vous pouvez utiliser une fourche à main si le sol est trop dur. Arrachez un plant sur deux et laissez les autres forcir. Les petits oignons blancs doivent être laissés en terre jusqu'à ce que le feuillage retombe.

stockage
La ciboule doit être récoltée au moment de la consommer : elle ne se conserve à l'air que quelques jours. Les oignons à mariner peuvent être laissés à l'air quelques jours avant d'être mis en bocaux.

variétés
ciboules : 'Saint-Jacques', 'Jaune de la Drôme', 'Cive du Poitou' et 'Cive rouge antillaise'
petits oignons blancs : 'Blanc de Naples', 'Purplette', 'Paris Silverskin'

brocoli à jets

On peut le consommer de l'automne au printemps. Les jeunes têtes florales tendres qui résistent au gel agrémentent les repas, préparées au beurre ou avec une sauce aux anchois.

situation et sol

Choisissez un emplacement découvert et ensoleillé, mais abrité du vent, qui risquerait de déstabiliser les grands plants. Le sol doit être moyennement fertile, idéalement fumé à l'automne précédent. Si le sol est acide, apportez de la chaux pour atteindre un pH de 6,5 à 7 (p. 14).

semis et plantation

Semez au printemps sous abri, en caissettes à alvéoles, ou en pleine terre. Si vous semez en pleine terre, déposez les graines en sillons de 1 cm de profondeur, puis éclaircissez les semis en les espaçant de 5 cm.

Lorsque les plants atteignent 12 cm de hauteur, vous pouvez les transplanter après les avoir endurcis s'ils ont germé sous abri (p. 34), et arrosés la veille au soir. Plantez profondément en rangs ou en carrés, en les espaçant de 60 cm. Tassez la terre autour des plants avec le talon pour la raffermir. Arrosez régulièrement.

	J	F	M	A	M	J	J	A	S	O	N	D
Semer			•	•	•							
Planter					•	•						
Récolter	•	•	•							•	•	•

Délai entre la plantation et la récolte : 8 à 12 mois

entretien

Comme pour toutes les cultures, il faut désherber. L'idéal est de pailler la terre pour éviter l'invasion de mauvaises herbes et conserver l'humidité (p. 38). Arrosez par temps sec, surtout en période de floraison.

problèmes

La mouche du chou (p. 44) peut attaquer les brocolis : couvrez les semis et les jeunes plantules avec un voile horticole pour éviter l'invasion. Les chenilles peuvent aussi être une réelle nuisance : couvrez les plants ou ôtez les chenilles régulièrement. La hernie du chou est un problème pour tous les choux.
La prévention est essentielle car le brocoli ne se traite pas facilement : achetez des plants d'origine fiable ou réalisez vous-même vos semis.

récolte

Récoltez les jets fermes à mesure qu'ils apparaissent. Ne laissez pas les bourgeons floraux s'ouvrir : ils jaunissent et ne sont plus présentables.

stockage

Récoltez les bouquets de brocoli à mesure de vos besoins : ils ne se conservent pas plus de quelques jours. Si vous devez les conserver, disposez-les dans un vase avec de l'eau, dans un endroit frais. Le chou brocoli se congèle très bien.

variétés

précoces : 'Summer Purple', 'Bordeaux', 'Blanc Hâtif'
de mi-saison : 'Extra Early Randolf', 'Red Arrow'
tardifs : 'Claret', 'Late Purple Sprouting', 'Redhead'
à jets blancs : 'Blanc Hâtif', 'Early White Sprouting'

brocoli calabrais

Le brocoli calabrais est proche du brocoli à jets, mais ses boutons floraux sont plus larges et forment une tête arrondie. Dans le romanesco, les jets sont disposés en pyramide. Tous deux sont des légumes très nutritifs et savoureux.

situation et sol

Comme la plupart des choux, le brocoli calabrais et le romanesco demandent une situation découverte, ensoleillée, protégée du vent. Le brocoli calabrais tolère un sol moins fertile que le brocoli à jets, l'idéal étant une terre fumée l'année précédente. Ajoutez de la chaux (p. 14) pour amener le pH à 6,5-7 et prévenir les risques de hernie du chou (p. 42).

semis et plantation

Le brocoli calabrais supporte mal d'être transplanté, car son système radiculaire est fragile. Semez au printemps, dans des caissettes à alvéoles, en pots de tourbe ou en plein air (p. 34). Espacez les plants de 15 cm sur des rangs éloignés de 30 cm, ou, pour les cultures en carrés (p. 18), espacez les plants de 23 cm de toutes parts.

	J	F	M	A	M	J	J	A	S	O	N	D
Semer			•	•								
Planter					•							
Récolter							•	•	•			

Délai entre la plantation et la récolte : 14 à 20 semaines

entretien

Enlevez les mauvaises herbes, sans déranger les plants. Il est important d'arroser par temps sec, surtout lorsque les boutons floraux sont en formation.

problèmes

Le brocoli calabrais souffre des mêmes parasites et affections que les autres choux. Veillez à un bon arrosage par temps sec, et espacez les plans suffisamment pour éloigner les risques de mildiou (p. 42). Pour éviter les chenilles, couvrez les plants d'un voile fin ou ramassez-les à la main. Le brocoli calabrais est une culture rapide, vous pouvez donc ignorer les autres affections ou détruire les plants affectés.

récolte

Coupez la tête centrale, avec quelques jets, lorsque les bourgeons sont formés et avant éclosion. Les bourgeons latéraux vont former de nouvelles têtes florales que vous pourrez récolter ensuite.

stockage

Cueillez le brocoli calabrais à la demande. Vous pouvez le conserver quelques jours dans un vase avec de l'eau, au frais. Il se congèle très bien.

variétés

brocoli calabrais : 'Ramoso tardif', 'Chevalier', 'Belstar', 'Kabuki', 'Beaumont'
romanesco : 'Celio', 'Veornica', 'Natalino', 'Navona'

chou-fleur

Avec sa belle tête blanche frisée, le chou-fleur ne ressemble à aucun autre légume. Les choux-fleurs cultivés au potager sont plus croquants et plus doux que ceux que l'on trouve dans le commerce. Il en existe de multiples variétés, dont les jaunes, les pourpres et les verts.

situation et sol

Choisissez un emplacement découvert et ensoleillé, à l'abri du vent. Certaines variétés hivernent dehors, évitez les lieux exposés au gel. Le sol doit être moyennement fertile, éventuellement fumé lors d'une culture précédente. Si le sol est acide, ajoutez de la chaux pour rééquilibrer le pH à 6,5-7 (p. 14).

semis et plantation

Les variétés de choux-fleurs qui se récoltent à différentes périodes de l'année doivent se semer à des moments différents. Les distances de plantation varient également (consultez les instructions figurant sur le sachet).
Les semis peuvent se faire en caissettes à alvéoles sous abri, ou en extérieur, en sillons de 1 cm de profondeur. Éclaircissez les semis à 5 cm d'intervalle lorsque les plantules apparaissent.

Transplantez les jeunes plants en respectant les distances recommandées (au moins 60 cm de toutes parts). Tassez la terre avec le talon pour chasser l'air d'entre les racines. Arrosez copieusement.

	J	F	M	A	M	J	J	A	S	O	N	D
Semer		•	•	•	•	•	•	•	•	•		
Planter					•	•	•	•	•	•		
Récolter	•	•	•						•	•	•	•

Délai entre la plantation et la récolte : 16 à 40 semaines

entretien

Désherbez régulièrement. Arrosez en cas de sécheresse pour éviter que le chou ne fleurisse trop rapidement et fane. Le paillage aide à conserver l'humidité du sol (p. 38). Quand les fleurs commencent à mûrir, coupez les feuilles pour en recouvrir la tête et la protéger de la lumière.

problèmes

Le chou-fleur souffre des mêmes ravageurs que les autres choux, le plus grave étant la hernie du chou (p. 42). La rotation des cultures (p. 30) et la sélection des plants (achetés ou produits maison) sont les meilleurs moyens de prévention. Les chenilles (p. 42) peuvent être récoltées à la main. On peut aussi couvrir les plants d'un voile fin pour empêcher les papillons de venir y pondre. Pour éviter la mouche du chou (p. 44), on peut couvrir les plants d'un voile horticole.

récolte

Coupez les têtes lorsque les boutons sont serrés et blancs. S'ils commencent à s'ouvrir, ils seront moins bons. Une fois la tête coupée, vous pouvez arracher le plant, il ne fera pas de nouvelles fleurs.

stockage

Consommez rapidement après récolte, ou conservez quelques jours au réfrigérateur. On peut aussi suspendre les choux-fleurs la tête en bas dans un endroit frais pour les conserver une à deux semaines, ou encore diviser le chou pour congeler les bouquets.

variétés

variétés blanches : 'Gros dur de Mars', 'Merveille des Quatre Saisons', 'Mayfair F1', 'Boule de Neige', 'Plana F1', 'Géant d'automne Primus'
mini choux-fleurs : 'Fremont F1', 'Candid Charm F1'
variétés de couleur : 'Violet de Sicile', 'Cheddar' (orangé), 'Émeraude F1' (vert)

chou de Bruxelles

Fraîchement cueillis, cuits rapidement à la vapeur et agrémentés d'une noix de beurre, les choux de Bruxelles sont un régal. Il existe différentes variétés dont certaines, aux saveurs plus douces, plaisent particulièrement aux enfants.

situation et sol

Comme la majorité des plantes, le chou de Bruxelles aime les emplacements découverts et ensoleillés. Choisissez un site bien ventilé pour limiter les risques de mildiou, mais à l'abri des grands vents qui peuvent déraciner les plants. Le sol doit présenter une fertilité moyenne, comme les restes d'une fumure précédente. Ajoutez de la chaux pour rééquilibrer le pH à 6,5-7 afin d'éviter les risques de hernie du chou.

semis et plantation

Semez en caissettes à alvéoles sous abri, ou en plein air. Les variétés précoces se sèment sous châssis au début du printemps, suivies par les autres variétés au cours du printemps et au début de l'été. En pleine terre, semez en sillons de 1 cm de profondeur, puis éclaircissez à 5 cm après germination. Les plants sont prêts à être transplantés cinq à six semaines après avoir été semés. Faites endurcir (p. 34) les plants semés sous abri avant de les transplanter à 60 cm d'intervalle en rangs distants de 75 cm. En carrés (p. 18), plantez à 60 cm de toutes parts. Plantez dans une terre ferme et tassez avec le talon.

	J	F	M	A	M	J	J	A	S	O	N	D
Semer			•	•								
Planter				•	•	•						
Récolter	•	•	•								•	•

Délai entre la plantation et la récolte : 9 à 12 mois

entretien

Généralement, il suffit de bien désherber autour des choux. Enlevez les feuilles jaunes ou desséchées, et ôtez également une partie des feuilles pour favoriser la circulation de l'air.

problèmes

Outre les problèmes communs à tous les choux (p. 90), les choux de Bruxelles sont sujets à des défauts d'aspect (par exemple, des pommes très ouvertes) liés aux conditions de croissance. Pour éviter cela, il faut planter les choux dans un sol ferme, non meuble. Il faut aussi les enterrer profondément jusqu'à la première feuille pour éviter les attaques de la mouche du chou (p. 44), et recouvrir la terre d'un film protecteur. Ramassez à la main les éventuelles chenilles. Les cochenilles farineuses, qui collent sur les tiges et les bourgeons, peuvent aussi poser problème : traitez avec un savon insecticide ou du pyrèthre. Il faut aussi parfois lutter contre les altises (p. 42).

récolte

Récoltez lorsque les pommes des choux sont assez grosses, en enlevant d'abord les feuilles. Arrachez-les en tirant vers le bas, en commençant par le bas de la tige. La plupart des variétés sont meilleures après le gel. Le bouquet de feuilles au sommet de la tige est également comestible.

stockage

Le mieux est de consommer les choux de Bruxelles juste après la récolte. On peut les garder quelques jours, mais ils flétrissent vite. On peut aussi récolter tout le plan et le suspendre dans un endroit frais, ou mettre le pied dans l'eau pour une semaine. Les choux de Bruxelles se congèlent sans problème.

variétés

récolte précoce : 'Brilliant F1', 'Gaillard de Rosny' 'Perfection', 'Nelson F1', 'Précoce de Fontenay'
récolte tardive : 'De Rosny amélioré', 'Clodius F1', 'Exodus F1', 'Agincourt F1', 'Revenge F1', 'Berwick', 'Montgomery F1', 'Topline'
choux violets : 'Red Bull', 'Rouge Rubine', 'Falstaff'

chou pommé

Qu'il soit vert foncé ou rouge vif, à feuilles lisses (chou cabus) ou cloquées (chou de Milan), le chou est un légume délicieux, recommandé pour la santé. Les variétés sont nombreuses, selon la forme de la pomme, l'époque de récolte et la couleur.

situation et sol

Choisissez un site dégagé et ensoleillé, à l'abri des vents forts. Le chou se satisfait de la plupart des sols, mais il vaut mieux éviter une fumure récente. L'idéal est une terre engraissée pour une récolte précédente. Si le sol est acide, ajoutez de la chaux pour rééquilibrer le pH à 6,5-7 (p. 14).

semis et plantation

Les différentes variétés de choux se sèment à des moments différents. Suivez les instructions du marchand de graines. Le chou de printemps se sème par exemple à la fin de l'été.

Semez en caissettes à alvéoles sous abri, ou clairsemé, en pleine terre, à 1 cm de profondeur. Éclaircissez les semis à 5 cm de toutes parts lorsqu'ils sortent de terre. Lorsque les plants sont assez grands, vous pouvez les transplanter en rangs ou en carrés, en respectant l'écartement prescrit. Tassez la terre autour du chou au talon.

	J	F	M	A	M	J	J	A	S	O	N	D
Semer		•	•	•	•			•				
Planter			•	•	•	•			•			
Récolter	•	•	•	•	•	•	•	•	•	•	•	•

Délai entre la plantation et la récolte : 20 à 40 semaines

entretien

Désherbez régulièrement. Tassez la terre si les choux sont déstabilisés par le vent. Arrosez en cas de sécheresse prolongée, et appliquez un paillage si nécessaire pour conserver la terre humide (p. 38).

problèmes

Les choux ont plus de problèmes que la moyenne des légumes, mais vous ne devriez pas connaître d'attaque sérieuse de ravageurs ou de maladies. Pour les chenilles (p. 42), vous pouvez les ramasser à la main ou couvrir les plants d'un film protecteur qui empêche les papillons de venir pondre.

Pour éviter les risques de hernie du chou (p. 42), ajoutez de la chaux pour rééquilibrer le pH à 6,5-7 (p. 14), achetez des plants d'origine fiable ou faites vos propres semis. L'hiver, protégez les plants des oiseaux par un filet. Pour éloigner la mouche du chou (p. 44), disposez autour des pieds des petits carrés de carton ou de moquette.

récolte

Coupez les choux à la demande. Vous pouvez arracher le pied ou couper la pomme au collet. Les choux de printemps sont coupés sur le pied et peuvent donner une seconde récolte. Les choux d'hiver étant sélectionnés pour résister aux intempéries, vous pouvez les laisser sur pied dehors. Après la récolte, ils se gardent au frais plusieurs jours. Les variétés denses d'hiver se conservent plusieurs semaines, voire des mois, suspendues dans des filets dans un endroit sec, bien aéré, à l'abri du gel.

variétés

choux de printemps : 'Nantais hâtif', 'Bacalan de Rennes', 'Cœur de Bœuf'
choux d'été et d'automne : 'Blanc de Brunswick', 'Tête de Pierre', 'Rinda', 'Beurre' 'Mont d'Or', 'Primo 2', 'Minicole'
choux d'hiver : 'Hidena', 'Quintal de Strasbourg', 'Tardif de Langedijk'
choux de Milan d'été et d'automne : 'Dama', 'Tasmania', 'Gros des Vertus', 'Reglo', 'Concerto', 'Roi des Milan'
choux de Milan d'hiver : 'Alaska', 'Pontoise', 'Hiversa', 'Rigoletto', 'Roi de l'Hiver', 'Wintessa', 'Wirosa'
choux rouges : 'Gradur', 'Milan de Pontoise', 'Rodon', 'Revue', 'Tête Noire',

chou frisé

Le chou frisé, dont il existe de multiples formes et variétés de couleur, apporte une touche décorative au jardin de fleurs. Très riche en vitamines, il se consomme comme le chou ou les épinards. C'est une plante très robuste, qui résiste bien au froid.

situation et sol

Choisissez un emplacement dégagé, ensoleillé et bien ventilé. Évitez l'exposition au vent pour les grands choux, qui peuvent se déraciner. La plupart des terrains conviennent bien, mais pas ceux qui viennent d'être engraissés. Si le sol est acide, ajoutez de la chaux pour rééquilibrer le pH à 6,5-7 (p. 14).

semis et plantation

Pour la récolte d'été, semez à la fin de l'hiver, sous abri, en caissettes à alvéoles ; transplantez au printemps, lorsque les plants sont assez grands.

Pour la récolte d'automne et d'hiver, semez en plein air au printemps, en sillons de 1 cm, puis éclaircissez les semis à 5 cm. On peut aussi faire les semis sous abri. Transplantez les jeunes plants en respectant une distance de 60 à 75 cm, ou moins (la moitié) pour les choux nains ou si vous prévoyez de récolter les feuilles jeunes.

	J	F	M	A	M	J	J	A	S	O	N	D
Semer		•		•	•							
Planter				•	•	•						
Récolter	•	•	•	•		•				•	•	•

Délai entre le semis et la récolte : 7 à 40 semaines

entretien

Désherbez comme toutes les cultures. Le paillage (p. 38) est efficace contre les mauvaises herbes et la sécheresse. Arrosez abondamment par temps sec.

problèmes

À la fin de l'été et en automne, les chenilles peuvent se faire envahissantes : vous pouvez les ôter à la main ou protéger les cultures par un filet. Les oiseaux peuvent poser problème en hiver, surtout les pigeons, ce qui justifie, à nouveau, le filet. La mouche du chou (p. 44) peut être éloignée au moyen de tapis ou de feutres posés au sol autour des plants. Le chou frisé peut aussi être attaqué par l'aleurode du chou : les mouches blanches adultes s'envolent quand on approche, les jeunes insectes bruns restent sous les feuilles. Ils forment une masse poisseuse sur le feuillage, mais posent rarement de vrais problèmes. Enlevez-les au jet d'eau, ou, en cas d'attaque sérieuse, avec un savon insecticide.

récolte

Récoltez les feuilles à la demande, plutôt jeunes et fraîches, ou plus mûres et savoureuses. Parfois le gel leur donne un goût plus prononcé.

stockage

Le chou frisé, très résistant, ne craint pas le froid. Ne récoltez que la quantité dont vous avez besoin. Une fois coupées, les feuilles ne se gardent pas bien, mais on peut les congeler.

variétés

chou frisé vert : 'Darkibor', 'Palmier', 'Storbor', 'Vert Demi-nain'
chou frisé noir : 'Cavolo Nero'
chou frisé rouge : 'Redbor', 'Red Russian'

fève

Les fèves sont délicieuses dans de nombreux plats, comme le risotto ou les salades. Elles sont particulièrement appréciées lorsqu'elles viennent d'être cueillies, ce qui souligne tout l'intérêt de les cultiver soi-même. Elles poussent bien en pots.

situation et sol

Les fèves ont besoin d'un emplacement dégagé et ensoleillé. Les cultures semées à l'automne doivent résister à l'hiver, elles doivent donc être protégées des vents dominants. Les fèves poussent bien dans la plupart des sols, mais ne supportent pas les excès d'humidité ou de sécheresse. Le sol doit être assez fertile, il est bon d'y ajouter un peu de fumier.

semis et plantation

Semez à la fin de l'automne pour récolter au début de l'été si le climat n'est pas trop humide. Sinon, semez de la fin de l'hiver à la fin du printemps, selon les variétés. Faites une tranchée d'environ 4 cm de profondeur et 15 cm de largeur, et semez en deux rangs espacés dans la tranchée, en espaçant les haricots de 15 cm. Les tranchées doivent être espacées de 60 cm. Si vous plantez en carrés (p. 18), espacez les pieds de 25 cm de toutes parts. Vous pouvez aussi les semer en pots individuels, puis les replanter.

	J	F	M	A	M	J	J	A	S	O	N	D
Semer		•	•	•	•					•	•	•
Récolter						•	•	•				

Délai entre le semis et la récolte : 12 à 30 semaines

entretien

Protégez les semis d'automne contre le vent, mettez-les sous cloche en zone humide. Désherbez avec soin, sans abîmer les racines. Les variétés les plus hautes ont besoin de ficelles sur les côtés des rangs pour les maintenir droites.

problèmes

Les rongeurs sont tentés par les fèves. Protégez vos cultures par des grillages, ou faites les semis en pots et replantez ensuite, ou mettez des pièges à rongeurs. Les aphides (p. 42) peuvent s'attaquer aux jeunes pousses en période de floraison. Le meilleur remède consiste à pincer les pousses attaquées pour les éliminer dès que le problème se manifeste. On peut aussi avoir des problèmes de rouille (p. 44). Habituellement, ce n'est pas si grave que cela peut paraître. Toutefois, il faut éliminer les plants tout de suite après la récolte et enlever tous les restes pour éviter toute récidive.

récolte

Vous pouvez commencer la récolte dès que les fèves sont assez grosses. Les petites fèves sont plus savoureuses en grossissant, elles deviennent farineuses. On peut aussi manger les jeunes cosses de certaines variétés.

stockage

Les fèves sont meilleures fraîches et perdent rapidement leur saveur une fois cueillies. On peut les congeler immédiatement à la récolte. On peut aussi les laisser sécher dans les cosses, puis les conserver dans un bocal hermétiquement fermé.

variétés

à semer en automne : 'Aquadulce', 'Aquadulce Claudia', 'Super Aquadulce'
grandes variétés : 'Séville à longue cosse', 'Express', 'Witkiem Manita', 'Jubilee Hysor', 'Green Windsor', 'Giant Exhibition', 'Exhibition Longpod'
à tiges courtes : 'Sutton'

haricot nain

Les haricots nains offrent une multitude de variétés, du vert au jaune en passant par le pourpre. Ces plants, qui n'excèdent pas 30 cm de hauteur, fournissent les haricots verts et ceux du Kenya. Ce légume nourrissant se mange chaud ou en salade.

situation et sol

Choisissez un emplacement découvert, chaud, ensoleillé et abrité du vent. Les haricots nains s'accommodent de différents sols, mais l'idéal est une terre riche et légère. Incorporez du fumier ou du compost au printemps pour une meilleure récolte. Les haricots se cultivent très bien en pots.

semer et planter

Attendez que la température de l'air et du sol soit assez élevée. Au-dessous de 10 °C, la germination est inhibée et la semence peut être détruite. Si vous voulez une récolte précoce, faites les semis en pots sous abri, puis transplantez les haricots lorsque le temps est suffisamment chaud, ou cultivez en pot sous serre.

Pour semer en pleine terre, creusez une tranchée d'environ 4 cm de profondeur et 15 cm de largeur, et semez deux rangs espacés dans la tranchée, en espaçant les haricots de 15 cm. Les tranchées doivent être espacées de 60 cm. Si vous semez en carrés (p. 18), espacez les plants de 20 cm de toutes parts. Vous pouvez aussi les semer en pots individuels, puis replanter comme ci-dessus.

	J	F	M	A	M	J	J	A	S	O	N	D
Semer				•	•	•	•					
Récolter						•	•	•	•	•		

Délai entre le semis et la récolte : 7 à 14 semaines

entretien

Désherbez en prenant soin de ne pas déraciner les plants. Protégez du vent. Les variétés les plus hautes seront plus productives avec des tuteurs de branchage ou de fils tendus sur des perches.

problèmes

La liste des maladies qui peuvent s'attaquer aux haricots nains est longue, mais, habituellement, les risques sont minimes. L'un des ravageurs redoutés est le rongeur, qui aime se nourrir des semences. Couvrez les semis d'un grillage, ou semez en pots sous abri et mettez en terre lorsque le jeune plant est suffisamment développé. Les limaces et escargots peuvent s'attaquer aux jeunes pousses, mais ils ne posent plus de problème quand le plant est à maturité.

récolte

Récoltez les haricots dès qu'ils sont suffisamment gros, en conservant à la cosse sa petite tige. Plus vous cueillez, plus le plant fournit. Vous pouvez aussi laisser les cosses mûrir pour les récolter une fois sèches, à écosser.

stockage

L'idéal est de cuisiner et consommer les haricots directement après les avoir cueillis. On peut les conserver quelques jours, mais pas plus. Pour une conservation plus longue, il est conseillé de les blanchir et de les congeler. Certaines variétés produisent des haricots à écosser. Conservez les graines dans des récipients hermétiquement fermés.

variétés

haricots verts : 'Fins de Bagnols', 'Prince', 'Speedy', 'Montana', 'Montano', 'Nautica', 'Nomad', 'Triomphe de Farcy'
haricots pourpres : 'Reine des Pourpres', 'Purple Teepee'
haricots jaunes : 'Gondola', 'Beurre de Roquencourt', 'Roi des Beurres'
haricots secs : 'Michelet à longue cosse', 'Borlotto', 'Coco Nain Blanc',
haricot nain rampant : 'Hestia'

haricot à rames

Les haricots à rames sont très appréciés car ils sont garantis sans fil. Leur saveur diffère de celle des haricots nains ; il sera donc judicieux d'avoir plusieurs variétés de pieds dans chaque catégorie, d'autant que leur culture est simple à mettre en œuvre.

situation et sol

Choisissez un emplacement dégagé, ensoleillé, abrité du vent, car les haricots couvrent une grande surface une fois tuteurés. Le sol doit être fertile, mais toute bonne terre de jardin fera l'affaire, surtout si vous avez creusé une tranchée à l'automne et ajouté une couche d'engrais naturel. Évitez les sols fraîchement fumés, cela pourrait encourager le développement du feuillage au détriment des fleurs et des gousses. On peut aussi cultiver les haricots à rames en pots.

semis et plantation

Les haricots à rames ont besoin de chaleur pour germer, il faut donc attendre que le climat et le sol se soient réchauffés. Si vous êtes impatient, faites vos semis en pots sous couvert, quelque temps avant qu'il fasse assez chaud dehors, puis replantez vos haricots au bout de quelques semaines. Semez les haricots deux par deux à environ 5 cm de profondeur. Si les deux germent, éliminez le plant le plus faible. Les plants doivent être espacés de 15 cm, en rangs simples ou doubles, ou autour d'un tipi de bambous.

	J	F	M	A	M	J	J	A	S	O	N	D
Semer				•	•	•	•					
Récolter							•	•	•	•		

Délai entre la plantation et la récolte : 14 à 26 semaines

entretien

Ces haricots ont besoin d'être ramés, c'est-à-dire soutenus par des tuteurs. Plantez une double rangée de tuteurs ou utilisez un filet tendu, qui doit atteindre au moins 2 m de hauteur. Les haricots s'enroulent ensuite autour des tuteurs ou des fils. Arrosez par temps sec.

problèmes

Les haricots à rames ont peu de problème. Voir page 102 pour les problèmes affectant les haricots nains. Il peut arriver que la floraison soit peu prolifique, si le temps empêche les insectes pollinisateurs de se développer, ou si les oiseaux viennent picorer les fleurs. La sécheresse fait tomber les fleurs, il est alors nécessaire d'arroser.

récolte

Récoltez les haricots dès qu'ils sont assez gros. Plus vous en récoltez, plus la plante en produit. Les haricots peuvent devenir filandreux et coriaces s'ils sont trop vieux ; il faut donc les cueillir régulièrement, même si la récolte est trop abondante pour vos besoins immédiats. Vous pouvez alors les distribuer ou les conserver selon l'une des méthodes proposées. Jetez les haricots qui sont trop gros.

stockage

Cuisinez les haricots le plus frais possible. Vous pouvez les conserver quelques jours au frais. Si vous voulez les garder pour l'hiver, vous pouvez les blanchir et les congeler, ou les mettre en bocaux avec du sel. Les haricots à grains se conservent dans leur cosse, au sec, au grenier par exemple (page 102).

variétés

mange-tout : 'Buenos Aires', 'Fortex', 'Perfection', 'Blanc de Juillet', 'Saint-Fiacre'
mange-tout beurre : 'Or du Rhin', 'Ramdor', 'Esmeralda', 'Neckargold', 'Admires'
à écosser : 'Soissons gros blanc', 'Langue de feu', 'Prague', 'Bingo'

petit pois

Les petits pois sont des légumes très appréciés, mais assez peu cultivés au potager. Mangés crus, dès la récolte, les petits pois maison sont bien plus doux que ceux que vous trouverez sur le marché. Les petits pois sont faciles à cultiver, tout comme les pois gourmands, toujours très tendres.

situation et sol

Un emplacement dégagé et ensoleillé est idéal, bien que les petits pois supportent un peu d'ombre. Évitez les zones ventées, car les plants peuvent monter assez haut. Le sol doit être bien drainé, mais capable de conserver l'humidité, et assez riche en humus (p. 12). Les variétés naines se cultivent aussi en pots.

semis et plantation

Pour une récolte précoce, semez à la fin de l'hiver dans les régions chaudes, dans un sol non gorgé d'eau. Sinon, semez au printemps dès que le sol a commencé à se réchauffer.

Si vous voulez démarrer tôt, ou si vous craignez les rongeurs, faites vos semis sous abri, puis replantez en pleine terre, en prenant garde de ne pas endommager les racines.

Pour les semis en plein air, semez en rangs simples ou doubles, à 5 cm d'intervalle. Les rangs doubles doivent être espacés de 23 cm, avec au moins 60 cm entre les ensembles de deux rangs. Seules les variétés naines peuvent être cultivées en carrés (p. 18).

	J	F	M	A	M	J	J	A	S	O	N	D
Semer			•	•	•	•	•			•	•	
Récolter						•	•	•	•			

Délai entre la plantation et la récolte : 12 à 16 semaines

entretien

Les petits pois ont besoin d'être ramés. On utilise pour cela des branches de noisetier, des filets en plastique ou en fil de fer. Les variétés semi-naines peuvent courir sur deux rangs de ficelle tendue entre des piquets. Arrosez par temps sec.

problèmes

Les rongeurs et les oiseaux peuvent s'attaquer aux petits pois avant qu'ils ne germent : couvrez les rangs avec des filets, que vous retirerez à mesure que les plants grandissent. Le mildiou (p. 42-44) peut poser problème si la ventilation est insuffisante, mais si l'attaque est mineure, vous pouvez la tolérer. Les mites peuvent pondre dans les petits pois ; on trouve alors des larves dans les cosses. Semez précocement ou tardivement pour les éviter, et recouvrez les rangs d'un voile de forçage lorsque les plants sont en fleurs.

récolte

Récoltez les petits pois lorsque les cosses sont enflées et continuez à les cueillir régulièrement pour encourager la plante à produire. Les pois deviennent farineux et durs s'ils restent trop longtemps sur la plante. Cueillez les mange-tout lorsque la cosse se développe, dès qu'elle atteint une taille comestible. Les pois gourmands, croisement entre le petit pois traditionnel et le pois mange-tout, se récoltent dès que la cosse commence à enfler.

stockage

Cuisinez ou consommez cru dès la récolte. Les pois ne se gardent pas plus de quelques jours. Vous pouvez bien sûr congeler une partie de la récolte. Pour les sécher, laissez-les sur le pied jusqu'à ce que la cosse se dessèche et commence à faire du bruit lorsqu'on la secoue. On peut conserver les pois séchés dans un bocal en verre, pour la soupe.

variétés

pois à écosser : 'Annonay', 'Bayard', 'Douce Provence', 'Petit Provençal', 'Plein le Panier', 'Roi des Conserves', 'Serpette Guilloteaux', 'Téléphone nain',
pois mange-tout : 'Corne de bélier', 'Normand', 'Carouby de Maussane'

asperge

Les asperges sont d'une culture facile et vous serez récompensé par la douceur et la saveur incomparables de votre récolte. Arrosées de beurre fondu ou servies avec un œuf poché, les asperges peuvent aussi agrémenter un risotto, un plat de pâtes ou une salade.

situation et sol

Choisissez un emplacement dégagé, ensoleillé, abrité du vent qui risque de déraciner les asperges. Le sol doit être bien drainé, pas trop riche. La plupart des terres de jardin font l'affaire. Une fois plantées, les asperges peuvent rester en terre plusieurs années, il faut donc bien préparer le terrain, en améliorant si nécessaire le drainage et en éliminant toute trace de mauvaises herbes vivaces.

semis et plantation

Les asperges se cultivent à partir de graines ou de griffes (racines tubéreuses). Les griffes produisent des pointes plus rapidement et donnent souvent une qualité plus fiable. Semez sous abri à la fin de l'hiver dans des caissettes à alvéoles, puis mettez les jeunes plants en terre au début de l'été. Vous pouvez également semer en sillons en pleine terre au printemps, puis éclaircir les semis à 15 cm.

Plantez les griffes ou les jeunes plants au printemps. Creusez une tranchée de 25 cm de profondeur, avec le fond légèrement convexe. Posez les griffes au fond en étalant les racines autour, puis recouvrez de 10 cm de terreau. Vous rajouterez de la terre à mesure que la plante se développe.

	J	F	M	A	M	J	J	A	S	O	N	D
Semer		•	•	•								
Planter			•	•								
Récolter				•	•	•						

Délai entre le semis et la récolte : 3 ans ; entre la plantation et la récolte : 1 an.

entretien

Enlevez toutes les mauvaises herbes en prenant soin de ne pas abîmer les racines d'asperges. Enlevez les feuilles lorsqu'elles jaunissent.

problèmes

En général, les asperges n'ont pas de problème, à part le criocère de l'asperge, coléoptère qui dévore les feuilles et freine le développement de la plante. Il hiverne dans les débris végétaux, il faut donc bien nettoyer la terre avant l'hiver. Ramassez les larves à la main, ou, en cas d'attaque sévère, employez la roténone. Éliminez également les limaces et escargots. En cas de pourriture des griffes, il faut brûler les plants attaqués.

récolte

Laissez les plants se développer les deux premières années, en ne récoltant que quelques pointes. À partir de la troisième année, vous pouvez intensifier la récolte. Coupez toutes les pointes durant la période de récolte (environ huit semaines) pour stimuler la production. Récoltez les pointes lorsqu'elles atteignent 15 cm au-dessus de la surface, en les coupant à 5 cm au-dessous du sol.

stockage

Les asperges sont délicieuses fraîches, il est donc judicieux de les récolter au dernier moment. Vous pouvez les conserver au réfrigérateur quelques jours, la base dans l'eau, mais elles perdent rapidement de leur saveur. Les asperges se congèlent aisément.

variétés

'Filea', 'Andreas', 'Hâtive d'Argenteuil', 'Super Argenteuil', 'Verdi', 'Verte Mary Washington', 'Ariane', 'Sorbonne'

artichaut

Récolter ses propres artichauts est un luxe suprême pour le jardinier. Très décoratifs au potager avec leurs grosses fleurs violettes et leur feuillage argenté, ils sont délicieux dans l'assiette. Leur culture pose peu de problème.

situation et sol

Choisissez un emplacement ensoleillé et dégagé, même si les artichauts peuvent tolérer un peu d'ombre. Évitez les zones trop ventées. Presque tous les sols conviennent, mais évitez les sols trop humides ou gorgés d'eau en hiver. Le sol doit être assez riche, vous pouvez donc l'engraisser avant la plantation. Les mauvaises herbes vivaces doivent être enlevées avec soin pour cette culture qui reste en place plusieurs années.

semis et plantation

Les artichauts peuvent se semer, mais les résultats sont assez hasardeux. Il est nettement préférable d'acheter de jeunes plants. Plantez au printemps en espaçant les plants d'environ 1 m, et coupez les feuilles à environ 15 cm.

Les plants produisent durant trois à quatre ans. Après la troisième année, vous pouvez déterrer un plant et le diviser pour replanter les œilletons dans une nouvelle planche. Vous pourrez arracher les vieux plants quand les nouveaux auront bien repris. Répétez l'opération tous les trois ou quatre ans.

	J	F	M	A	M	J	J	A	S	O	N	D
Planter				•								
Récolter							•	•	•			

Délai entre la plantation et la récolte : 16 à 36 semaines

entretien

Le plus important est de désherber avec soin, en particulier pour les mauvaises herbes vivaces. Le paillage (p. 38) protège les plants de la sécheresse et de la chaleur. Celui-ci s'avère également utile en hiver, contre le froid.

problèmes

Les artichauts n'ont pas de problème de ravageurs ou de maladies. Seules les intempéries peuvent créer des difficultés : les coups de vent peuvent déraciner les plants, c'est pourquoi il faut choisir un site abrité ou prévoir des protections. Les sols gorgés d'eau sont à éviter. Améliorez le drainage si nécessaire.

récolte

Coupez les capitules lorsqu'elles sont assez grandes pour être consommées, en coupant une tige de 10 cm environ. Ne récoltez que lorsque les feuilles sont bien adhérentes ; il est trop tard lorsque la fleur commence à s'ouvrir.

stockage

Récoltez les artichauts à mesure de vos besoins. Ils peuvent se conserver quelques jours au frais, mais sont bien meilleurs frais. Vous pouvez aussi garder les cœurs au congélateur.

variétés

'Camus de Bretagne', 'Vert de Laon', 'Violet de Provence' ou 'Poivrade', 'Vert globe', 'Romanesco', 'Concerto'

chou-rave

Avec sa texture croquante et son parfum délicat, à mi-chemin entre le chou et le navet, le chou-rave se consomme cru, râpé ou cuit à la vapeur. L'été, il remplace le navet. Il existe des variétés à rave verte ou rouge, et certaines donnent de gros légumes.

situation et sol

Choisissez un emplacement ensoleillé et dégagé ou cultivez sous abri, en serre ou sous cloche, pour une récolte précoce. Le chou-rave aime les sols légers, pas trop riches, une planche engraissée pour une récolte précédente étant l'idéal. On peut aussi le cultiver en pots ou en sacs.

semis et plantation

Pour une récolte précoce, semez en caisettes à alvéoles sous abri à la fin de l'hiver. Lorsque les plants atteignent 5 cm de hauteur, replantez sous serre ou sous cloche, ou en pleine terre si le temps le permet.

On peut aussi semer en pleine terre, en sillons de 1 cm de profondeur, en rangs espacés de 30 cm. Éclaircissez les semis à 15-18 cm lorsqu'ils sortent de terre. Dans les carrés (p. 18), espacez les plants de 25 cm de toutes parts.

Semez également sous abri au début de l'automne pour une récolte d'hiver. Choisissez alors les variétés pourpres, plus résistantes.

	J	F	M	A	M	J	J	A	S	O	N	D
Semer		•	•	•	•				•			
Récolter	•					•	•	•	•			

Délai entre la plantation et la récolte : 5 à 8 semaines

entretien

Le chou-rave doit grossir en permanence, il est important de l'arroser régulièrement s'il fait sec. Désherber avec soin pour ne pas endommager les racines.

problèmes

C'est la base renflée de la tige qui est consommée ; le chou-rave est un membre de la famille des choux (Brassicacées), mais moins sensible aux maladies que les autres. Sa croissance rapide le met à l'abri de bien des ravageurs. Il faut juste éviter qu'il ne se dessèche, en veillant à un arrosage suffisant. Contrôlez les limaces (p. 42) tant que les plants sont petits, ainsi que les altises (p. 42)

récolte

Consommez les raves dès la récolte. Elles sont meilleures petites. Quand elles grossissent trop, elles deviennent ligneuses. Certaines variétés à rave rouge peuvent grossir sans durcir.

stockage

Si possible, consommez le chou-rave immédiatement. Vous pouvez le conserver quelques jours, mais il se défraîchit rapidement. Les récoltes tardives peuvent se conserver plusieurs mois dans du sable légèrement humide, à l'abri du gel, ou laissées en terre sous abri.

variétés

pourpre : 'Violet Kolibri F1', 'Pourpre de Vienne', 'Blusta', 'Azur Star'
vert : 'Lanro', 'Quickstar F1', 'Olivia F1', 'Logo, Korist', 'Korridor'

rutabaga

Malgré leur mauvaise réputation, les rutabagas sont délicieux l'hiver, en soupe, en ragoût ou en purée agrémentée de beurre et de poivre, seuls ou mélangés avec d'autres légumes-racines. Ils passent l'hiver en terre sans problème et peuvent être ramassé à mesure des besoins.

situation et sol

Comme la majorité des légumes, les rutabagas préfèrent les expositions découvertes et ensoleillées. Ils ont besoin d'un sol léger, bien drainé, et se satisfont de la plupart des terres de jardin, pourvu qu'elles ne soient pas gorgées d'eau. Le sol ne doit pas être trop riche, une planche fumée pour une culture précédente est l'idéal. Évitez les sols fraîchement retournés, les rutabagas ont besoin d'un sol ferme. Piétinez le sol pour le compacter.

semis et plantation

Résistez à la tentation de semer trop tôt : la fin du printemps est le bon moment. Semez en sillons de 2 cm de profondeur, en rangs espacés de 38 cm. Le sol doit être compact. Lorsque les plants sont petits, éclaircissez à environ 23 cm. Si vous semez en carrés (p. 18), espacez les plants de 23 cm de toutes parts. Si vous voulez récolter des rutabagas de petite taille, vous pouvez laisser les plants plus serrés.

	J	F	M	A	M	J	J	A	S	O	N	D
Semer					•	•						
Récolter	•	•	•							•	•	•

Délai entre la plantation et la récolte : 24 semaines

entretien

Désherbez avec soin car les rutabagas restent souvent en terre près d'un an, ce qui donne le temps aux mauvaises herbes de se développer. Arrosez régulièrement et suffisamment par temps sec, sinon vous aurez un légume ligneux qui risque de se craqueler au prochain arrosage.

problèmes

Membre de la famille des choux, le rutabaga est sujet aux mêmes ravageurs et maladies (p. 90), mais, généralement, tout se passe bien. Les altises (p. 42) peuvent poser problème sur les jeunes semis : vous pouvez les protéger par un voile. Les limaces sont à contrôler. Si vous avez la hernie du chou (p. 42) sur le terrain, les rutabagas risquent de la contracter. Pour éviter l'infection, produisez vos propres plants par semis. Le mildiou (p. 42-44) peut aussi poser problème, veillez à une bonne ventilation entre les plants.

récolte

Les rutabagas se récoltent au fur et à mesure des besoins, dès qu'ils ont atteint la taille requise. Les racines bombées se développent au-dessus du sol et sont très faciles à arracher.

stockage

Les rutabagas résistent parfaitement aux conditions hivernales, et vous pouvez les laisser en terre jusqu'à la récolte. En fin d'hiver, ils peuvent devenir ligneux, surtout si le climat est doux, il est donc conseillé de les arracher. Conservez-les dans des sacs à filets ou des cagettes sous abri, ou laissez-les en piles dans le jardin, recouverts d'une bonne couche de paille.

variétés

'Marian', 'Magres', 'Invitation', 'Best of All', 'Jaune de Saint-Marc', 'Bora', 'Helenor', 'Angela', 'Ruby'

navet

Tout comme le chou-rave et le rutabaga, le navet fait partie de la famille des choux. Il est surtout cultivé pour sa racine charnue croquante, parfaite pour les ragoûts et les légumes au wok, mais les jeunes feuilles sont aussi délicieuses au printemps, à un moment où la récolte du potager est encore assez pauvre.

situation et sol

Contrairement à d'autres légumes, le navet tolère un peu d'ombre. Le sol doit être capable de conserver l'humidité pour éviter d'avoir des légumes secs et ligneux. Choisissez une planche engraissée pour une récolte précédente. Le sol ne doit pas être trop riche.

semis et plantation

Les navets se sèment sur site : ils n'aiment pas être transplantés. Pour les récoltes précoces, semez sous abri en pots ou en planches couvertes, au début du printemps. À partir du milieu du printemps, on peut semer en pleine terre.

Semez les variétés précoces jusqu'à la fin du printemps, puis les autres. Semez environ toutes les trois semaines pour assurer une production continue. Semez en sillons de 2 cm de profondeur, en rangs espacés de 30 cm. Éclaircissez les semis à 15 cm de distance dès qu'ils sortent de terre, un peu plus serrés pour les variétés à croissance rapide. En carrés (p. 18), espacez les plants de 15 cm.

	J	F	M	A	M	J	J	A	S	O	N	D
Semer			•	•	•	•	•	•				
Récolter	•						•	•	•	•	•	•

Délai entre la plantation et la récolte : 6 à 12 semaines

entretien

Arrosez régulièrement par temps sec pour éviter d'avoir des navets ligneux. Ils ont aussi tendance à monter en graine. Désherbez soigneusement car les mauvaises herbes absorbent l'humidité.

problèmes

Les navets sont exposés aux mêmes ravageurs et maladies que les autres brassicacées. Mais, généralement, tout se passe bien car ils sont arrachés suffisamment tôt. Les altises peuvent attaquer les semis : protégez vos planches par un voile de forçage ou appliquez de la roténone en cas d'attaque. Contrôlez les limaces et les escargots.

récolte

Récoltez les navets dès qu'ils sont suffisamment gros. Ils sont plus savoureux jeunes, et plus tendres également. Récoltez les feuilles sur les jeunes plants. Coupez aussi toutes les feuilles des navets qui sont restés en place l'hiver. Ainsi, la plante produira de nouvelles feuilles excellentes au goût.

stockage

Laissez les navets en terre jusqu'au dernier moment. Dans les régions froides, il vaut mieux les déterrer et les stocker sous abri non chauffé, en filets ou en boîtes aérées. On peut aussi les empiler dans un coin du jardin et les couvrir de paille.

variétés

navets de printemps et d'été : 'Long de Croissy', 'Hâtif d'Auvergne', 'Rouge plat hâtif', 'Primera', 'Market Express'
navets d'automne et d'hiver : 'Demi-long de Croissy', 'Boule de Neige', 'Des Vertus Marteau', 'Nancy à feuilles entières', 'Blanc dur d'hiver'

panais

Légume-racine riche en amidon, le panais, très rustique, se cuisine tout l'hiver en purée, en soupe et même en chips rôties au four. Récolté jeune, on peut le cuire entier à la vapeur pour en apprécier la fraîcheur.

situation et sol

Choisissez un emplacement ensoleillé. Le sol doit être léger, pas trop riche, une terre fumée pour une culture précédente est l'idéal. Il doit être labouré en profondeur et exempt de pierres pour que le panais prenne sa belle forme conique, plus facile à traiter en cuisine.

semis et plantation

Achetez des semences fraîches chaque année pour avoir un bon taux de germination. Les panais ont une germination lente, vous pouvez donc semer quelques radis épars dans le même sillon pour marquer les rangs et faciliter le désherbage. Les panais peuvent se semer de la fin de l'hiver à la fin du printemps, mais le début du printemps est le meilleur moment.

Semez en sillons de 2 cm de profondeur, en espaçant les rangs de 30 cm. Mettez dans chaque poquet 3 graines à 12-15 cm d'intervalle. Éclaircissez les semis à un par poquet dès qu'ils sortent de terre. Pour les cultures en carrés, éclaircissez à 15-20 cm de toutes parts.

	J	F	M	A	M	J	J	A	S	O	N	D
Semer			•	•								
Récolter	•	•	•							•	•	•

Délai entre la plantation et la récolte : 24 semaines

entretien

Les panais restent en terre assez longtemps. Il est donc important de désherber avec soin, sans déranger les racines des jeunes plants.

problèmes

Le chancre reste le problème majeur du panais : il donne des taches brunes sur les racines. Pour écarter ce souci, évitez les semis trop précoces, les sols trop riches et trop acides (procédez éventuellement à un apport de chaux pour rééquilibrer le pH à 6,5-7,5). En cas d'attaque du chancre, vous pouvez éliminer les parties brunes et consommer le reste. La mouche de la carotte (p. 142) peut aussi faire des dégâts, habituellement limités. Couvrez les semis d'un voile fin pour réduire le problème.

récolte

Arrachez les panais à mesure de vos besoins. Pour un légume plus doux, laissez passer les premières gelées. Si vous voulez de petits panais, récoltez plus tôt.

stockage

Laissez les panais en terre jusqu'au moment de les cuisiner. En cas de forts gels, couvrez le sol de paille pour pouvoir les déterrer facilement. Lorsqu'ils commencent à refaire des pousses au printemps, il vaut mieux les jeter. Arrachez tous les panais avant la reprise de la végétation et coupez les racines en bâtonnets que vous ferez blanchir avant de les congeler.

variétés

'Rond Hâtif', 'Demi-long de Guernesey', 'Turga', 'Halblange Weisse', 'Javelin', 'Excalibur', 'Tender and True', 'Countess F1'

betterave

Longue ou ronde, rouge, jaune ou blanche, la betterave égaye la cuisine, en salades, soupes, purées, risottos et ragoûts. Sa culture est facile et pose peu de problème. La betterave pousse très bien en pots.

situation et sol

Les betteraves préfèrent les stations ensoleillées. Tous les sols leur conviennent, avec une prédilection pour les terres légères et riches. Une planche fumée pour une culture précédente est idéale. On peut aussi cultiver la betterave sous abri en pots pour une récolte précoce, ou dans un patio.

semis et plantation

La plupart des paquets de graines de betterave contiennent des amas de graines. Il faut éclaircir les semis suffisamment tôt pour ne pas endommager les racines de plants restants.

On peut semer tôt sous abri, en caissettes à alvéoles, pour repiquer plus tard les jeunes plants, mais il est plus simple de semer en pleine terre. Semez en sillons de 1 cm de profondeur, en rangs espacés de 30 cm.

Placez les graines en poquets par deux, à 10 cm d'intervalle. Éclaircissez le plus tôt possible à un plant par poquet. Pour les cultures en carrés (p. 18), éclaircissez à 15 cm de toutes parts. Continuez à semer toutes les trois semaines pour avoir une production continue de petites betteraves.

	J	F	M	A	M	J	J	A	S	O	N	D
Semer			•	•	•	•						
Récolter						•	•	•	•	•	•	•

Délai entre la plantation et la récolte : 8 semaines

entretien

Désherbez avec soin pour ne pas endommager les racines. En cas de sécheresse, il faut arroser pour assurer la croissance des plantes.

problèmes

La betterave est généralement sans problème et de culture facile. Attention aux limaces et escargots qui s'attaquent au feuillage et peuvent abîmer les racines lorsqu'ils hivernent en terre.

récolte

Les betteraves sont faciles à récolter, il suffit de les arracher à mesure des besoins ou dès qu'elles ont atteint la taille requise. Les petites sont plus succulentes, mais les grandes restent comestibles bien qu'elles puissent durcir à mesure que l'hiver avance.

Ne coupez pas les racines ou les feuilles, car les betteraves risquent alors de saigner à la cuisson. Il vaut mieux arracher les feuilles en les tordant à environ 5 cm de hauteur. Enlevez la racine après cuisson.

stockage

On peut habituellement laisser les betteraves en terre, mais elles peuvent durcir et les limaces risquent de s'y attaquer. Paillez si nécessaire pour protéger les cultures du gel. Les betteraves peuvent être congelées une fois blanchies. Les plus jeunes se conservent au vinaigre, comme des cornichons.

variétés

betterave rouge : 'Boltardy', 'Red Ace', 'Wodan F1', 'Crimson Globe', 'Bull's Blood', 'Solo F1', 'Kestrel', 'Pronto', 'Pablo', 'Moneta', 'Noire d'Égypte', 'Crapaudine'

autres teintes : 'Albina Vereduna' (blanche), 'Chiogga' (striée de rose et de blanc), 'Burpees Golden' (jaune)

cylindriques : 'Alto F1', 'Cylindra', 'Monorubra'

carotte

Les carottes croquantes que l'on vient de récolter ont un goût incomparable. Outre les carottes orangées, les plus communes, il existe des variétés de différentes couleurs, jaunes, blanches ou pourpres. Les formes varient également, certaines carottes étant très allongées, d'autres plutôt rondes.

situation et sol

Choisissez un emplacement dégagé et ensoleillé. Si les carottes préfèrent les sols légers, bien drainés, on peut aussi les réussir dans d'autres terrains. Retournez la terre profondément et enlevez les petits cailloux qui donnent des carottes fourchues. Si le sol est pierreux, préférez les carottes de forme arrondie. Dans un sol argileux, faites un trou conique pour chaque plante, emplissez-le de compost et placez la graine au sommet.

semis et plantation

Les carottes ne germent pas à moins de 7 °C, il faut donc attendre que le sol se soit réchauffé. Les cultures précoces peuvent être semées sous abri.

Semez très clair en sillons de 1 cm de profondeur, en rangs distants de 15 cm. Éclaircissez les semis à environ 8 cm d'écart, de préférence le soir, lorsque les mouches de la carotte ne sont pas actives (p. 142). Pour les cultures en carrés, éclaircissez les semis à 10 cm de toutes parts.

Semez à deux ou à trois semaines d'intervalle pour avoir des récoltes étalées, depuis l'été jusqu'en hiver.

	J	F	M	A	M	J	J	A	S	O	N	D
Planter			•	•	•	•	•					
Récolter	•	•				•	•	•	•	•	•	•

Délai entre la plantation et la récolte : 12 à 15 semaines

entretien

Désherbez avec soin pour ne pas abîmer les racines. N'écrasez pas les feuilles, car vous risqueriez d'attirer les mouches de la carotte (voir ci-dessous). Arrosez régulièrement par temps sec pour avoir des racines succulentes.

problèmes

Le principal ennemi est la mouche de la carotte, dont les larves creusent les racines. Choisissez une variété résistante et semez aéré pour ne pas avoir à éclaircir, car c'est l'odeur du feuillage écrasé qui attire les mouches. C'est aussi pour cette raison qu'il vaut mieux éclaircir en fin de journée, alors que les mouches sont moins actives, et enterrer les plants arrachés profondément dans le compost pour masquer leur odeur. Les limaces peuvent être gênantes, surtout l'hiver.

récolte

Les carottes s'arrachent dès qu'elles ont atteint la bonne taille. Récoltez les premières de la saison alors qu'elles sont encore petites, ces primeurs ont une saveur exquise.

stockage

Laissez les carottes en terre jusqu'à ce que vous en ayez besoin. S'il gèle, vous aurez plus de mal à les arracher, il faut donc pailler les rangs pour protéger le sol. On peut aussi les récolter et les conserver dans du sable, sous abri non chauffé. La carotte se congèle très bien.

variétés

carottes hâtives : 'Primo de Luc', 'Marché de Paris', 'Bayon', 'Julia de Carentan'
carottes d'été et d'automne : 'Bangor', 'Nanco', 'Ascania', 'Tino', 'Nantaise améliorée', 'Contadime', 'Ingot', 'Puma', 'Anglia', 'Minicor'
carottes longues d'hiver : 'Colmar', 'Longue lisse de Meaux', 'Demi-longue de Saint-Valéry', 'Comtadine', 'Chantenay à cœur rouge', 'Berlicum', 'Senior', 'Scarla'
carottes rondes : 'Parmex', 'Ronda', 'Paris Market'

salsifis et scorsonère

Ces légumes-racines originaux sont rares dans les supermarchés, mais ils sont délicieux et faciles à cultiver. Leur saveur est délicate ; celle des salsifis rappelle celle de l'asperge, celle des scorsonères la noisette. Leur mode de culture est proche de celui des panais.

situation et sol

Salsifis et scorsonères demandent un emplacement dégagé et ensoleillé. La deuxième année, le salsifis donne de magnifiques fleurs pourpres, vous pouvez donc le placer dans un parterre de fleurs. Ces légumes-racines forment une longue racine droite : il leur faut un sol profond, bien drainé. Un sol rocailleux vous donnera des légumes aux formes bizarres. Si le sol est lourd, pratiquez-y des trous cylindriques que vous remplirez de compost, et placez la graine au sommet. Ainsi la racine pourra se développer bien droit.

semis et plantation

Ne semez pas trop tôt : les graines risquent de pourrir dans un sol froid. Au milieu du printemps, semez en poquets (p. 34) à 20 cm d'intervalle dans un sillon de 1 cm, en espaçant les rangs de 30 cm. Placez deux ou trois graines dans chaque poquet, et éclaircissez à un plant dès que possible. Si vous cultivez en carrés (p. 18), semez en poquets espacés de 23 cm de toutes parts. Les scorsonères peuvent être semées légèrement plus serrées.

	J	F	M	A	M	J	J	A	S	O	N	D
Planter				•	•							
Récolter	•	•								•	•	•

Délai entre la plantation et la récolte : 20 semaines

entretien
Désherbez avec soin pour ne pas abîmer les plantules : il vaut mieux désherber à la main. Arrosez en cas de sécheresse prolongée.

problèmes
Salsifis et scorsonères ne posent pas de problèmes de culture.

récolte
Extrayez les racines lorsqu'elles sont assez grandes pour être mangées, c'est-à-dire pas avant l'automne. Utilisez la fourche-bêche pour ne pas les casser. Il se peut que les scorsonères soient trop petites la première année : attendez encore un an pour les récolter.

Les feuilles de ces plantes peuvent être blanchies au printemps en recouvrant les planches d'une épaisse couche de paillage. Elles peuvent alors être consommées comme des endives.

stockage
On laisse habituellement salsifis et scorsonères en terre jusqu'au moment de les consommer. Une fois arrachés, ils se conservent quelques jours au frais, et jusqu'à deux mois dans une caisse remplie de sable légèrement humide.

variétés
salsifis : 'Mammouth à grosse racine', 'Blanc amélioré', 'Blanc géant de Russie', 'Sandwich Island'
scorsonère : 'Géante noire de Russie', 'Hoffmanns Schwarze', 'Duplex'

pomme de terre

Si vous ne connaissez que les pommes de terre du commerce, vous ignorez à quel point ce tubercule peut offrir des saveurs diverses. Le goût incomparable des pommes de terre nouvelles du printemps, cuites avec leur peau, est un régal pour les gourmands.

situation et sol

Les pommes de terre sont faciles à cultiver et peu exigeantes en termes de conditions : un emplacement dégagé est préférable, mais un peu d'ombre est tolérable. Tous les sols conviennent, avec une prédilection pour les sols légers, relativement riches, mais non fumés récemment.

semis et plantation

Les pommes de terre se plantent sous la forme de tubercules : achetez des tubercules exempts de maladie chaque année. Placez-les dans des boîtes à œufs, les yeux vers le haut, pour la prégermination. Mettez-les dans un endroit lumineux, mais pas directement au soleil, à environ 18 °C, puis au frais, où les germes se développent. Lorsqu'ils atteignent environ 2,5 cm, au bout de six semaines, vous pouvez les mettre en terre.

Creusez une tranchée de 15 cm de profondeur et placez les pommes de terre à 30 cm d'intervalle. Les tranchées sont espacées de 45 cm. Couvrez les pommes de terre, puis ramenez la terre sur le rang pour former une butte.

	J	F	M	A	M	J	J	A	S	O	N	D
Planter			•	•	•							
Récolter							•	•	•	•		

Délai entre la plantation et la récolte : 15 à 20 semaines

entretien

Continuez à butter les plants à mesure de leur développement. Désherbez et arrosez par temps sec. Si le gel menace encore après que les premières feuilles sont apparues, vous pouvez pailler avec un textile, des journaux ou de la paille.

problèmes

Le mildiou de la pomme de terre (p. 42) est une affection fongique qui attaque aussi les tomates. Buttez les plants pour empêcher les spores d'atteindre les tubercules. En cas d'attaque, enlevez immédiatement le feuillage infecté et brûlez-le, puis laissez les tubercules en terre au moins trois semaines.

Les limaces peuvent creuser des trous dans les tubercules, surtout si on les laisse trop longtemps en terre. Enlevez les limaces et récoltez les pommes de terre dès que possible. Pour réduire les risques de maladie, achetez des tubercules certifiés et veillez à une bonne rotation des cultures chaque année (p. 30).

récolte

Arrachez les pommes de terre nouvelles dès qu'elles atteignent 2,5 cm de longueur, lorsque les plants fleurissent. Le gros de la récolte se fait lorsque le feuillage commence à flétrir. Laissez les pommes de terre quelques heures sur la terre pour sécher la peau.

stockage

Ramassez toutes les pommes de terre au début de l'automne et conservez-les dans un endroit frais, à l'abri du gel, dans des sacs en jute ou en papier. Il est important de protéger les tubercules de la lumière, sinon ils verdissent et deviennent toxiques. Ne conservez que les tubercules exempts de maladie.

variétés

précoces : 'Belle de Fontenay', 'Bernadette', 'Amandine', 'Abondance de Montvilliers', 'Kéméré', 'Lady Christi', 'Accent', 'Swift', 'Pentland Javelin', 'Sirtema'
semi-précoces : 'Charlotte', 'Estima', 'Ratte', 'Roseval', 'Stella', 'Monalisa'
semi-tardives : 'Bintje', 'Désirée', 'Kerpondy', 'Santé', 'Vitelotte', 'Pompadour'

topinambour

Avec son léger goût de cœur d'artichaut et sa texture amidonnée, le topinambour est délicieux en soupe, en ragoût ou en purée et même tout simplement en tranches fines sautées au beurre. Il appartient à la famille des tournesols.

situation et sol

Cultivez les topinambours dans un endroit aussi dégagé et ensoleillé que possible, même s'ils supportent un peu d'ombre. Évitez les stations ventées, car ils poussent très haut. La plupart des terres leur conviennent, mais évitez les sols mal drainés ou trop pauvres – les sols légers facilitent le travail au moment de la récolte.

semis et plantation

Les topinambours se plantent sous la forme de tubercules. Creusez une tranchée de 15 cm de profondeur et placez-y un tubercule tous les 30 cm, les germes orientés vers le haut. Ramenez la terre pour boucher la tranchée et tassez légèrement. Les rangs doivent être espacés de 1 m car les plants poussent très haut. Si vous cultivez en carrés (p. 18), placez les tubercules à environ 45 cm de distance de toutes parts.

	J	F	M	A	M	J	J	A	S	O	N	D
Planter		•	•									
Récolter	•	•	•						•	•	•	•

Délai entre la plantation et la récolte : 16 semaines

entretien

Les topinambours sont une culture facile. Il faut principalement désherber sans abîmer les pousses, surtout lorsqu'elles sont juste sous le niveau de la terre. C'est pourquoi il vaut mieux désherber à la main.

Buttez les plants pour les consolider. S'il y a beaucoup de vent, soutenez-les par des ficelles ou des fils de fer tendus entre des poteaux au bout de chaque rang. À la fin de l'été, coupez le sommet des tiges pour limiter la prise au vent.

problèmes

Les topinambours n'ont généralement pas de problème. Surveillez cependant les limaces, surtout si les plantes restent longtemps en terre. Vous risquez d'avoir une reprise de la pousse après récolte car tout tubercule laissé en terre redonne naissance à une plante. Veillez à bien nettoyer la terre au moment de la récolte, pour limiter les risques d'envahissement.

récolte

Récoltez les tubercules à mesure de vos besoins, à partir du moment où le feuillage a commencé à flétrir. Essayez d'enlever tous les tubercules d'un plant en même temps, même s'ils sont trop petits pour être consommés car c'est une plante très prolifique.

stockage

Généralement, il n'y a pas de problème de stockage, puisqu'on laisse les topinambours en terre jusqu'au moment de les consommer. Dans les zones froides, où la récolte d'hiver est difficile, vous pouvez récolter tout ou partie des topinambours et les stocker dans un endroit frais, dans une caisse de sable légèrement humide.

variétés

'Fuseau rose', 'Patate', 'Commun blanc', 'Commun violet'

céleri-rave

Le céleri-rave, à la saveur fraîche et piquante, est apprécié cru, en salade, ou en rémoulade, ou cuit, en sauce ou en purée. Le céleri-rave est facile à cultiver, et il se conserve très bien.

situation et sol

Le céleri apprécie les emplacements dégagés et ensoleillés, mais tolère l'ombre. Évitez les zones exposées au gel pour ce légume qui passe l'hiver en terre. Il lui faut un sol fertile et humide, mais non gorgé d'eau. Un sol riche en humus est idéal, vous pouvez y incorporer une bonne quantité de compost en automne.

semis et plantation

Il est préférable de semer le céleri sous abri. Si vous attendez la fin du gel pour semer en plein air, les raves n'auront pas le temps de se développer avant l'hiver.

Semez en alvéoles au chaud à la fin de l'hiver ou au début du printemps, ou en serre froide au milieu du printemps. Lorsque les plantules sont assez développées, transférez-les dans des pots individuels. Lorsqu'il n'y a plus de risque de gel, faites-les s'endurcir (p. 34) et plantez dehors à 30 cm d'intervalle, en espaçant les rangs de 38 cm. Appliquez les mêmes distances en carrés (p. 18).

	J	F	M	A	M	J	J	A	S	O	N	D
Semer		•	•	•								
Planter					•	•						
Récolter	•	•	•						•	•	•	•

Délai entre la plantation et la récolte : 26 semaines

entretien

Désherbez soigneusement, de préférence à la main. Arrosez par temps sec, le céleri n'aime pas la sécheresse. Lorsqu'il commence à mûrir, enlevez les feuilles basses pour que la rave soit exposée.

problèmes

Lorsque vous replantez le céleri, surveillez les limaces. Cette culture est peu exposée aux autres ravageurs et maladies, mais il peut avoir les mêmes problèmes que le céleri-branche (p. 162). Si vous craignez l'invasion de la mouche du céleri (p. 162), couvrez les plants d'un voile de forçage.

récolte

Arrachez les raves lorsqu'elles ont atteint la bonne taille, à partir de la fin de l'été. Plus elles restent en terre, plus elles sont parfumées, il faut donc éviter de récolter trop tôt.

stockage

Vous pouvez laisser le céleri-rave en terre jusqu'au moment de le consommer. Dans les zones froides, où l'arrachage peut s'avérer difficile, couvrez les rangs de paille, ou récoltez le céleri et conservez-le au frais, dans une caisse de sable légèrement humide.

variétés

'Brilliant', 'Monarch', 'Géant de Prague', 'Niva', 'Dolbi', 'Boule de marbre', 'Névé'

céleri-branche

Le céleri-branche est inestimable en cuisine, servi cru en salade et avec du fromage, ou cuit dans les soupes, ragoûts et sauces. On peut aussi le servir braisé, en légume. Les variétés que l'on butte en tranchées pour les blanchir sont les plus savoureuses, mais les nouvelles variétés, qui blanchissent d'elles-mêmes ou restent vertes, sont plus rapides et plus faciles à cultiver.

situation et sol

Choisissez un site dégagé et ensoleillé, même si le céleri tolère un peu d'ombre. Le meilleur sol doit être léger, bien irrigué, une planche engraissée à l'automne précédent convient parfaitement. Évitez les sols gorgés d'eau.

semis et plantation

Semez sous abri en caissettes au début ou au milieu du printemps, puis transférez en pots individuels dès que les plantules sont assez grandes pour être manipulées. Faites-les s'endurcir (p. 34), puis replantez les jeunes plants dès que les risques de gel sont passés.

Plantez en carrés les variétés autoblanchissantes ou vertes, à 25 cm d'intervalle, pour que les plants se coupent mutuellement la lumière.

Les variétés traditionnelles sont plantées en tranchées, puis on les butte pour blanchir les côtes à mesure qu'elles se développent. Une nouvelle technique consiste à planter les céleris sur un sol plat et à entourer les tiges de manchons de carton. Plantez les à 35 cm de distance, en rangs espacés de 75 cm.

	J	F	M	A	M	J	J	A	S	O	N	D
Semer			•	•								
Planter					•	•						
Récolter							•	•	•	•		

Délai entre la plantation et la récolte : 15 à 20 semaines

entretien

L'arrosage doit être régulier pour éviter d'avoir une texture filandreuse. Ne laissez jamais le sol se dessécher. Entourez les tiges de manchons de carton pour blanchir les côtes. Mettez de la paille autour des variétés qui blanchissent d'elles-mêmes lorsque les plants atteignent environ 20 cm de hauteur pour les protéger de la lumière.

problèmes

Les limaces peuvent être un vrai fléau, que ce soit lors de la plantation ou au moment de la récolte. La mouche du céleri pose également problème, mais elle est plus rare. Elle creuse les feuilles et les côtes et laisse des marques marron. Arrachez et détruisez le feuillage atteint. Le céleri devient filandreux et dur s'il manque de nutriments ou d'eau, il faut donc veiller à un arrosage régulier et apporter un engrais azoté.

récolte

Récoltez avant les gelées, en déterrant les touffes. Les variétés cultivées en tranchées peuvent rester un peu plus longtemps en terre.

stockage

On récolte le céleri-branche à mesure des besoins, mais il se garde quelques jours au réfrigérateur. Si vous avez une récolte importante, vous pouvez conserver le céleri au frais, de préférence dans une caisse remplie de sable légèrement humide. Vous pouvez aussi stocker le céleri en terre, sous serre pour l'hiver.

variétés

variétés classiques : 'Cristal', 'Géant doré amélioré', 'Granada', 'Côtes Rouges', 'Vert d'Elne'
variétés améliorées : 'Octavius', 'Victoria', 'Loretta', 'Galaxy', 'Tango', 'Daybreak', 'Golden Spartan'
variétés à butter : 'Violet de Turs', 'Pascal', 'Martine', 'Mammoth Pink'

fenouil de Florence

Avec son bulbe anisé, il se prépare en salade ou se cuisine comme légume avec des pâtes, en risotto, ragoût ou tarte. On apprécie également pour son feuillage finement découpé qui parfume les poissons et les viandes blanches.

situation et sol

Le fenouil demande un emplacement chaud et ensoleillé, abrité du vent. Il faut un sol qui retienne bien l'humidité, mais non gorgé d'eau : le fenouil ne supporte pas la sécheresse. L'idéal est un sol humifère, mais pas trop riche, engraissé pour une culture précédente, par exemple.

semis et plantation

Semez sous abri au milieu du printemps en caissettes, et replantez dès que les derniers gels sont passés, en veillant à ne pas abîmer les racines. Espacez les plants de 30 cm, en rangs distants de 30 cm.

On peut aussi semer en pleine terre à la fin du printemps ou au début de l'été, toutes les trois semaines pour échelonner la récolte. Faites des sillons de 1 cm de profondeur et semez en poquets à 30 cm d'intervalle (p. 32-34). Laissez au moins 30 cm entre les rangs. En carrés, espacez les plants de 30 cm de toutes parts.

	J	F	M	A	M	J	J	A	S	O	N	D
Semer					•	•	•					
Récolter							•	•	•	•		

Délai entre la plantation et la récolte : 12 semaines

entretien

Le fenouil doit être arrosé régulièrement, il ne supporte pas la sécheresse, et monte tout de suite en graine en ce cas. Lorsque le bulbe commence à grossir, buttez le plant à environ mi-hauteur du bulbe pour éviter qu'il ne durcisse.

problèmes

Les limaces peuvent poser problème, surtout sur les semis et jeunes plants. L'autre problème est le manque d'eau, qui produit la montée en fleur et en graine au détriment du bulbe. Choisissez un sol riche en humus qui conserve l'humidité, et arrosez régulièrement si besoin.

récolte

Lorsque les bulbes atteignent la taille d'une balle de tennis, coupez-les juste au-dessus de la base. Les racines produisent habituellement une repousse, dont le feuillage peut être utilisé en cuisine.

stockage

Le fenouil bulbeux se consomme habituellement frais. Il ne se conserve pas longtemps après la récolte. Gardez-le quelques jours au réfrigérateur si nécessaire. Il tolère un peu de gel, mais il est meilleur en tout début d'hiver.

variétés

'Doux de Florence', 'Latina', 'Cristal', 'Précoce d'été', 'Perfection', 'Zefa Fino', 'Amigo', 'Selma', 'Rondo', 'Victoria'

laitue

Avec toute une gamme de saveurs, de couleurs et de textures, les laitues font preuve d'une belle diversité. Choisissez des salades pommées ou à couper, comme la feuille de chêne, dont on récolte les feuilles à mesure des besoins.

situation et sol

Les laitues aiment les emplacements découverts et ensoleillés, mais tolèrent un peu d'ombre, surtout par temps chaud. Elles poussent dans presque tous les types de sols, sauf s'ils sont gorgés d'eau. Les sols qui retiennent l'humidité sont préférables, avec une bonne teneur en humus. Les laitues se cultivent également sous serre ou en pots.

semis et plantation

Avec une serre, un châssis ou des cloches, on peut semer et récolter la laitue pratiquement toute l'année, les mois d'hiver étant les plus problématiques. Semez sous abri en caissettes à la fin de l'hiver, puis faites endurcir les jeunes plants (p. 34) avant de les replanter.

Semez en pleine terre à partir du printemps, à intervalles de deux semaines pour avoir une récolte échelonnée. Semez en sillons de 1 cm de profondeur, en espaçant les rangs de 30 cm. Éclaircissez les semis de 15 à 30 cm selon les variétés. Pour les cultures en carrés, espacez les plants de 15 à 35 cm de toutes parts.

	J	F	M	A	M	J	J	A	S	O	N	D
Semer		•	•	•	•	•	•	•	•	•		
Récolter	•	•	•	•	•	•	•	•	•	•	•	•

Délai entre la plantation et la récolte : 6 à 15 semaines

entretien

Arrosez régulièrement vos laitues par temps sec pour ne pas freiner leur croissance. Désherbez régulièrement, à la main ou à la binette, en veillant à ne pas abîmer les plants.

problèmes

Enlevez régulièrement les limaces et escargots. S'il y a d'autres maladies, le mieux est de détruire les plants et de recommencer les cultures ailleurs. Cela ne vaut pas la peine de traiter.

récolte

Arrachez ou coupez les salades pommées, batavias ou romaines dès qu'elles ont atteint la taille requise. Si vous avez programmé vos semis, vous devriez bénéficier d'une récolte échelonnée. Coupez les variétés à couper entières, ou simplement quelques feuilles selon vos besoins, ce qui permet d'économiser l'espace au jardin.

stockage

Consommez les laitues le plus frais possible. Elles se conservent quelques jours dans le bac à légumes du réfrigérateur, mais perdent rapidement leur croquant et leurs vitamines.

variétés

pommées de printemps : 'Reine de mai', 'Appia', 'Goutte jaune d'or', 'Bon jardinier'
pommées d'été et d'automne : 'Grosse blonde paresseuse', 'Audran', 'Elvira', 'Ballerina', 'Sucrine', 'Craquerelle'
pommées d'hiver : 'Merveille d'Hiver', 'Grosse blonde d'Hiver', 'Rougette de Montpellier'
batavias : 'Pierre bénite', 'Blonde de Paris', 'Rouge grenobloise', 'Reine des Glaces', 'Merveille des Quatre Saisons'
romaines : 'Blonde maraîchère', 'Romance', 'Riva', 'Ballon de Bougival'
à couper : 'Blonde feuille de chêne', 'Lollo Rosa', 'Frisée d'Amérique', 'Hussarde'

mesclun

Du cresson au pourpier en passant par la roquette et l'oseille, le mesclun est un mélange de salades qui apporte une touche originale avec ses saveurs variées, douces ou poivrées.

situation et sol

La plupart des salades aiment les stations exposées au soleil, mais beaucoup de variétés tolèrent un peu d'ombre. Presque tous les sols de jardin leur conviennent. Elles poussent bien sous abri, et même sur le seuil de la fenêtre de cuisine, et en pot, avec un bon compost maison.

semis et plantation

Vous pouvez semer une seule variété, ou choisir un mélange de graines qui produit en même temps différents types de salades. Vous pouvez semer toute l'année. Pour les récoltes d'hiver et de début du printemps, il vaut mieux cultiver sous abri (même sous cloche), pour le reste de l'année, en plein air.

Semez clairs en sillons de 1 cm de profondeur, en espaçant les rangs de 15 à 20 cm. Habituellement, il n'y a pas à éclaircir les semis. Si vous cultivez en carrés, répartissez les graines à la volée, puis ratissez, ou semez en sillons rapprochés.

	J	F	M	A	M	J	J	A	S	O	N	D
Semer	•	•	•	•	•	•	•	•	•	•	•	•
Récolter	•	•	•	•	•	•	•	•	•	•	•	•

Délai entre la plantation et la récolte : 3 à 10 semaines

entretien

Le mesclun se compose de jeunes pousses de salades. Il faut donc protéger ces dernières des mauvaises herbes envahissantes. Désherbez à la main pour éviter de les arracher. Arrosez régulièrement par temps sec, même en hiver, car le soleil dessèche rapidement la terre sous serre.

problèmes

Le principal problème est la limace. Les altises (p. 42) peuvent aussi poser problème, surtout sur la roquette : couvrez d'un voile protecteur ou appliquez un peu de roténone si elles se manifestent. Surveillez les pigeons et autres oiseaux – le mieux étant de tendre un filet. Généralement, le mesclun pousse rapidement et sans problème.

récolte

La récolte est on ne peut plus simple : cueillez ce dont vous avez besoin. Choisissez quelques feuilles de chaque pour faire une salade variée.

stockage

Il est préférable de récolter le mesclun selon vos besoins – la plupart des salades ne se conservent pas. Vous pouvez les garder quelques jours dans le bac à légumes du réfrigérateur.

composition

cresson des jardins, moutarde, roquette, pourpier d'hiver, mâche, pourpier d'été, oseille, cresson d'eau, mitsuba (persil japonais)

chicorée

Il existe deux types de chicorées : la frisée et la scarole, aux feuilles larges. Cette salade légèrement amère peut être adoucie par blanchiment.

situation et sol

Choisissez un emplacement dégagé, si possible ensoleillé, bien que la chicorée tolère un peu d'ombre. Elle supporte tous les sols, mais préfère les sols légers pour les récoltes d'hiver. Tout sol gorgé d'eau est à éviter.
Cultivée sous abri, la chicorée pousse bien en planches ou en pots emplis de compost de qualité.

semis et plantation

Pour les récoltes précoces, semez au milieu du printemps sous abri et faites pousser sous serre ou sous cloche. Vous pouvez aussi semer en caissettes à alvéoles sous abri à la fin du printemps, puis transplanter les jeunes plants en pleine terre après les avoir endurcis (p. 34).

Attendez que les conditions soient suffisamment chaudes pour semer en pleine terre, habituellement au début de l'été. Semez en sillons de 1 cm, en espaçant les rangs de 35 cm. Lorsque les plants sont assez grands, éclaircissez à environ 30 cm d'intervalle. En carrés, espacez les plants de 30 cm.

	J	F	M	A	M	J	J	A	S	O	N	D
Semer					•	•	•	•				
Récolter							•	•	•	•	•	

Délai entre la plantation et la récolte : 7 à 12 semaines

entretien

Désherbez, de préférence à la main, et arrosez régulièrement par temps sec. Lorsque les chicorées ont atteint la maturité, on peut les blanchir pour en réduire l'amertume, en couvrant le feuillage pour une dizaine de jours. Attendez que les feuilles soient sèches, puis couvrez les plants avec un seau pour un blanchiment complet, ou couvrez juste le centre de la plante avec une assiette.

problèmes

Les limaces et les escargots peuvent être une véritable nuisance. Si vous utilisez des granulés, faites attention qu'ils ne restent pas entre les feuilles. Les pucerons peuvent poser problème, surtout pour les cultures sous serre ; ôtez-les à la main si possible.

récolte

Récoltez dès que les chicorées ont atteint la maturité. Si vous les faites blanchir, récoltez rapidement après les dix jours où vous les avez couvertes, sinon elles se dégradent. Coupez la tête plutôt que d'arracher le plant : ainsi les feuilles peuvent repousser. Si vous n'avez pas besoin de toute la salade, contentez-vous de prélever quelques feuilles, et laissez le reste pour le récolter plus tard.

stockage

Consommez les chicorées le plus tôt possible après la récolte. Elles se conservent mal au-delà d'un jour.

variétés

frisée : 'Frisée Glory', 'Frisée de Meaux', 'Frisée Grosse', 'Dandelion'
scarole : 'Traviata', 'Nina', 'Cornet d'Anjou', 'Cornet de Bordeaux', 'Blonde d'Été'

endive, trévise et pain de sucre

L'endive apporte une pointe d'amertume et de croquant aux salades, mais on la sert également braisée ou en gratin. C'est une variété de chicorée, tout comme la chicorée rouge de Trévise et la chicorée pain de sucre. La chicorée belge, ou Witloof, est forcée pour que ses feuilles soient moins amères.

situation et sol

Les endives poussent en plein soleil, ou tolèrent un peu d'ombre. Pour le forçage, il faut un sol profond. Les autres chicorées se contentent de toutes les terres de jardin, pourvu qu'elles ne soient pas trop humides. Évitez les terres trop riches, une planche engraissée pour une culture précédente est idéale.

semis et plantation

Les endives sont semées en extérieur au milieu de l'été, en sillons de 1 cm de profondeur. Éclaircissez les semis à 20 cm, les rangs étant espacés de 30 cm.

Pour la chicorée rouge de Trévise, semez au début de l'été, ou à la fin de l'été pour récolter en hiver. Espacez-la comme les endives.

La chicorée pain de sucre se sème toute l'année sous abri, en extérieur l'été. Espacez les plants de 25 cm.

	J	F	M	A	M	J	J	A	S	O	N	D
Semer	•	•	•	•	•	•	•	•	•			
Récolter	•	•	•	•	•	•	•	•	•	•	•	•

Délai entre la plantation et la récolte : 8 semaines ou plus

entretien

Arrosez toujours par temps sec. Les endives doivent être forcées : déterrez-les à la fin de l'automne et coupez la racine à 20 cm. Rabattez les feuilles à 5 cm. Replantez dans de grands pots remplis de compost humide, le collet dépassant juste à la surface. Couvrez d'un grand seau pour faire l'obscurité et conservez à 13 °C environ.

problèmes

Les limaces sont le principal problème.

récolte

Récoltez la chicorée pain de sucre et rouge de Trévise dès qu'elles sont assez grandes. Coupez la tête sans déterrer la plante pour qu'elle puisse refaire des feuilles. Si vous n'avez pas besoin de toute une salade, vous pouvez prélever juste le nombre de feuilles qu'il vous faut.

Coupez les chicons blanchis de l'endive après trois ou quatre semaines de forçage. Laissez la racine en terre pour une seconde récolte.

stockage

Les endives sont meilleures fraîches, mais elles peuvent se garder quelques jours au réfrigérateur.

variétés

endives : 'Witloof Zoom', 'Normato', 'Apollo'
trévise rouge : 'Cesare', 'Treviso Precoce Mesola', 'Rouge de Vérone', 'Rouge de Trévise'
pain de sucre : 'Pain de Sucre', 'Jupiter'

radis

Les radis sont faciles à faire pousser, même en pots. Vous pouvez les grignoter à l'apéritif, les servir en entrée avec du beurre et du sel, ou les utiliser pour relever une salade. Il en existe de différentes couleurs, formes et saveurs. Ils sont meilleurs fraîchement cueillis : c'est pourquoi les radis du potager seront toujours très supérieurs à ceux que l'on trouve dans le commerce.

situation et sol

Semez sur une terre dégagée et ensoleillée, ou un peu ombragée par temps chaud. Les radis poussent dans tous les sols, mais un sol léger, qui retient bien l'humidité, est idéal. Si possible, prenez une planche fumée pour une culture précédente.

semis et plantation

Semez sous abri en automne ou à la fin de l'hiver : les radis ne peuvent pas être transplantés. Semez en pleine terre à partir du printemps. Ne semez que quelques graines à la fois ; il vaut mieux avec des rangs courts, répétés toutes les deux semaines, qu'une grosse récolte d'un seul coup. Pour économiser de l'espace, vous pouvez faire pousser les radis entre les rangs de cultures plus lentes, comme les panais ou les choux.

Semez clair en sillons de 1 cm, en espaçant les rangs de 15 cm. Éclaircissez les semis à 2,5 cm. Si vous cultivez en carrés (p. 18), semez les radis à la volée, puis ratissez pour les recouvrir de terre. Éclaircissez les semis à environ 7 cm de toutes parts. Les gros radis d'hiver ont besoin de plus de place.

	J	F	M	A	M	J	J	A	S	O	N	D
Semer		•	•	•	•	•	•	•	•	•		
Récolter			•	•	•	•	•	•	•	•	•	•

Délai entre la plantation et la récolte : 4 semaines

entretien

Ne laissez pas le sol se dessécher où vous aurez des radis ligneux et sans saveur. Désherbez avec soin pour ne pas endommager les racines.

problèmes

Les altises (p. 42) peuvent s'attaquer aux radis : couvrez les semis avec un voile en prévention ou traitez à la roténone si l'infestation est commencée. Les limaces peuvent aussi poser problème, surtout au moment où les plantules se développent.

récolte

Récoltez les radis dès qu'ils sont assez gros. Attention de ne pas arracher les plantes adjacentes en même temps. Jetez tous ceux qui sont trop vieux ou qui montent en graine, car ils deviennent ligneux, durs et piquants.

stockage

Les radis se mangent très frais et ne peuvent se conserver. On peut les mettre au réfrigérateur pour un jour, mais ils perdent rapidement leur croquant. Les radis d'hiver restent en terre plus longtemps ; paillez les rangs si le gel menace.

variétés

radis à forcer : 'Salto', 'Gaudry', 'Columbia', 'Famino', 'Callisto', 'Gaudo', 'Cerise'
radis des quatre saisons : 'Flamboyant', 'Gloriette', 'Apollo', 'Joly', 'Rudi', 'Tinto', 'Fakir', 'Pontvil', 'National 4', 'Raxe rond rouge'
radis d'été et d'automne : 'Pernot', 'Perfecto', 'Rond blanc', 'Noir Poids d'Horloge', 'Rond écarlate Géant de Würzburg'
radis d'hiver : 'Noir gros long d'hiver', 'Rosé de Chine', 'Violet de Gournay', 'Rex'

tomate

Les tomates du jardin, gorgées de soleil, ont un goût incomparable. Rondes, allongées, « cœur de bœuf » ou tomates cerises, rouges, jaunes, vertes ou pourpres, sélectionnez les variétés pour leurs saveurs, leurs formes et leurs couleurs variées, qui composent de beaux contrastes dans l'assiette.

situation et sol

Les tomates ont besoin de soleil, choisissez un emplacement chaud, bien exposé. Elles poussent bien en serre ou en pots, près d'un mur chaud, par exemple. Les tomates tolèrent tous les sols, mais préfèrent un sol bien drainé, fertile, qui ne se dessèche pas trop vite. Si vous plantez en pots, utilisez un terreau de bonne qualité, ou achetez des sacs spéciaux. Évitez les composts qui se dessèchent facilement, surtout si vous faites des cultures suspendues.

semis et plantation

En serre, vous pouvez semer les graines à une par pot sur couche chaude à partir du milieu de l'hiver. Pour les plantations en pleine terre, semez sous abri au milieu du printemps afin que les jeunes plants atteignent une bonne taille dès que les menaces de gel sont écartées. Vous trouverez en jardinerie toute une gamme de plants de tomates si vous n'avez pas de serre chaude pour faire vos plants vous-même.

	J	F	M	A	M	J	J	A	S	O	N	D
Semer	•	•	•	•								
Planter					•	•						
Récolter							•	•	•	•		

Délai entre la plantation et la récolte : 8 semaines ou plus

entretien

Les plants de tomates ont besoin d'être tuteurés pour supporter le poids des fruits. Supprimez les gourmands qui se forment à l'aisselle des feuilles pour ne garder que la tige centrale. Les variétés à petits fruits sont buissonnantes et ne demandent pas à être taillées.
Arrosez régulièrement et abondamment une fois que les fruits commencent à grossir. Utilisez un engrais liquide spécial, surtout pour les cultures en pots, où l'arrosage peut provoquer un lessivage des substances nutritives.

problèmes

Le plus gros problème est le mildiou (p. 42). S'il se manifeste, arrachez les plants attaqués et brûlez-les pour éviter de contaminer les autres cultures. Un arrosage irrégulier peut provoquer l'éclatement du fruit, il faut donc veiller à être régulier et conserver le sol humide.

récolte

Cueillez les tomates dès qu'elles sont mûres. Si le gel menace, en fin de saison, ramassez les tomates vertes et faites-les mûrir à la maison, ou cuisinez-les vertes, en chutney ou en confiture.

stockage

Les tomates sont toujours meilleures fraîches, mais vous pouvez les conserver quelques jours, à l'air ambiant. Si vous avez une récolte abondante, vous pouvez confectionner des coulis que vous congèlerez. À la fin de la saison, suspendez les pieds la tête en bas dans une serre et cueillez les fruits à mesure qu'ils sont mûrs, ou laissez-les mûrir derrière la fenêtre de la cuisine.

variétés

à port déterminé : 'Prisca', 'Roma', 'Lustro', 'Fournaise', 'Brione', 'San Marzano', 'Celebrity'
à port indéterminé : 'Cœur de Bœuf', 'Fandango', 'Premio', 'Pyros', 'Super Marmande', 'Trésor', 'Tango', 'Lemon Boy'
petites tomates : 'Super Sweet', 'Cocktail', 'Tomate cerise', 'Red Pearl', 'Patio', 'Minibel'
variétés anciennes : 'Andine Cornue', 'Potiron Écarlate', 'Noire de Crimée'

aubergine

Les aubergines sont un des incontournables de la cuisine méditerranéenne, mais aussi orientale et asiatique. Grillées et réduites en purée, elles font un délicieux caviar. On les retrouve aussi dans les plats grecs (moussaka) et les currys indiens, sans parler de la classique ratatouille.

situation et sol

Les aubergines se cultivent en pleine terre dans les régions chaudes, mais on les plante souvent sous serre ou sous cloche. On peut aussi les démarrer en pots, à l'intérieur, puis les déplacer vers un endroit chaud et ensoleillé, de préférence contre un mur, lorsque la température extérieure dépasse les 20 °C. Choisissez un terreau de qualité ou une planche de sol fertile, riche en matière organique bien décomposée.

semis et plantation

Les aubergines sont habituellement démarrées sous abri. Faites tremper les graines dans l'eau chaude durant 24 h. Semez en alvéoles ou en pots individuels, de la fin de l'hiver au début du printemps, de préférence avec apport de chaleur. Lorsque les plants sont assez grands, transférez-les vers des sacs de terreau ou des pots de 20 cm. Dans les régions chaudes, plantez-les à l'extérieur dès que les menaces de gel sont écartées.

	J	F	M	A	M	J	J	A	S	O	N	D
Semer		•	•									
Récolter							•	•	•			

Délai entre la plantation et la récolte : 16 semaines

entretien

Faites attention aux épines, qui peuvent être coupantes. Arrosez régulièrement et maintenez les plants au chaud. Certaines variétés montent haut, elles ont besoin d'être tuteurées. Si vous voulez de gros fruits, limitez leur nombre à six par plant. Arrosez avec un engrais riche en azote, comme pour les tomates, lorsque les fruits commencent à grossir.

problèmes

Les aubergines sous abri sont soumises aux ravageurs habituels des serres, comme les aleurodes, les acariens et les pucerons (p. 42-44). Prenez les mesures que vous jugerez nécessaires. Les affections fongiques, comme le mildiou, peuvent poser problème si la circulation d'air est insuffisante : veillez à une bonne ventilation.

récolte

Récoltez les fruits dès qu'ils ont atteint la taille désirée (les petites aubergines sont moins amères). Quand leur peau commence à se ternir, elles sont généralement moins savoureuses. Coupez le pédoncule à la jonction de la tige, en prenant garde aux piquants.

stockage

Les aubergines ne se gardent pas très bien, mais vous pouvez les conserver une petite semaine au cellier ou au réfrigérateur. Si vous en avez beaucoup, coupez-les en tranches que vous faites revenir à l'huile d'olive avant de les congeler.

variétés

'Violette de Barbentane', 'Baluroi', 'Bonica', 'Violette de Provence', 'Avan', 'Megal', 'Dourga', 'Skoutari', 'Blanche ronde à Œuf'

poivron et piment

Faciles à cultiver et prolifiques, les poivrons et piments apportent une note décorative sur une terrasse, dans un patio ou au jardin. Le choix est vaste parmi les variétés rouges, orange, jaunes, vertes ou pourpres, et toute une gamme de formes, de tailles et de saveurs.

situation et sol

Les poivrons et piments sont souvent cultivés sous serre ou sous cloche, mais on peut aussi les planter en pleine terre dans un emplacement chaud et ensoleillé, de préférence contre un mur chaud. Utilisez un bon terreau pour les cultures en pots, ou un sol fertile, bien drainé, dans le jardin.

semis et plantation

Le choix des semences est très vaste, que ce soit pour les poivrons ou les piments, et vous pouvez aussi acquérir une grande variété de jeunes plants à la fin du printemps.

Semez sous abri en pot individuel ou en alvéoles, du milieu à la fin du printemps. Évitez de semer plus tôt, sauf si vous disposez d'une serre chauffée. Lorsque les plants sont assez grands, transplantez-les dans des pots plus grands ou des sacs de terre, ou vers une planche de serre. Espacez les plants de 30 à 45 cm. Pour planter en extérieur, attendez que tout risque de gel soit passé, et que la température soit supérieure à 15 °C.

	J	F	M	A	M	J	J	A	S	O	N	D
Semer				•	•							
Récolter								•	•	•		

Délai entre la plantation et la récolte : 20 semaines

entretien

Le thermomètre ne doit pas descendre au-dessous de 15 °C, mais l'idéal est une température entre 21 et 30 °C. Le sol peut se dessécher rapidement : il faut donc veiller à un arrosage régulier, parfois plusieurs fois par jour. Lorsque les fruits commencent à se former, apportez un engrais azoté, un engrais liquide pour tomates, par exemple.

problèmes

Si vous cultivez en serre, vous pouvez avoir affaire aux ravageurs habituels des serres, comme les aleurodes, les acariens et les pucerons (p. 42-44). Ne traitez qu'en cas d'attaque sérieuse. Veillez à une bonne ventilation des plantes pour éviter les risques d'affections fongiques, comme le mildiou.

récolte

Cueillez les fruits dès qu'ils ont atteint la taille requise. Les piments deviennent de plus en plus forts en mûrissant, cueillez-les selon votre goût. Les poivrons changent de couleur : d'abord verts, puis jaunes, puis rouges, ils deviennent aussi plus sucrés. Là encore, cueillez-les selon votre goût.

stockage

Les poivrons sont meilleurs mangés juste après la récolte, mais vous pouvez les conserver quelques jours au frais. Ils se congèlent très bien. À la fin de la saison, suspendez les plants à l'envers dans un endroit frais, à l'abri du gel, et cueillez les poivrons selon vos besoins. Les piments peuvent être séchés et conservés dans un pot hermétiquement fermé.

variétés

poivrons : 'Clovis', 'Zarco', 'Sonar', 'Corne de taureau', 'Doux long des Landes', 'Pusztagold', 'Ariane', 'Jéricho', 'Banana Early Sweet', 'Doux de Valence', 'Petit Vert Marseillais'
piments : 'Boule de Turquie', 'Calabrais', 'Corne de Taureau', 'Espelette', 'Oiseau du Zimbabwe', 'Hot Mexican', 'Big Sun', 'Demon Red', 'Jalapeno', 'Fuego', 'Apache', 'Heatwave', 'Cayenne', 'Etna'

concombre et cornichon

Une fois que vous aurez goûté au concombre de votre potager, si croquant et tellement goûteux, vous n'aurez plus envie d'en déguster d'autres... Autrefois, les concombres lisses était des variétés de serre mais on en trouve désormais à faire pousser dehors.

situation et sol

Les variétés d'intérieur poussent sous serre ou sous tunnel, dans des bacs ou des sacs de terreau. Tout bon terreau fera l'affaire.

Les concombres de jardin (plus rustiques) et les cornichons ont besoin d'un emplacement dégagé et ensoleillé, mais ils tolèrent un peu d'ombre, surtout en période chaude. Il leur faut un sol fertile, friable, bien drainé.

semis et plantation

Ne démarrez pas les concombres trop tôt, à moins de les cultiver en serre chauffée. Le meilleur moment pour semer est le milieu ou la fin du printemps – que ce soit pour les variétés d'intérieur ou d'extérieur.

Semez en caissettes alvéolées ou en pots individuels. Mettez deux graines dans chaque pot, en plaçant les graines sur le chant. Si les deux graines germent, éliminez l'une des plantules le plus tôt possible. Dès que les plants sont assez grands, transplantez-les, dès lors qu'il n'y a plus aucun risque de gel pour les cultures en extérieur.

	J	F	M	A	M	J	J	A	S	O	N	D
Semer				•	•	•						
Récolter						•	•	•	•			

Délai entre la plantation et la récolte : 12 semaines

entretien

Installez un support de palissage, rames à haricots ou filet, sur lequel le plant va pouvoir s'accrocher, sauf pour les concombres cannelés qui peuvent rester au sol. Pincez le haut du plant lorsqu'il arrive en haut du support ou qu'il a couvert une superficie suffisante. Arrosez abondamment et répandez de l'eau sur le sol de la serre par temps chaud pour avoir une atmosphère humide. Enlevez les fleurs mâles sur les variétés d'intérieur pour éviter d'avoir des concombres amers. Les fleurs mâles sont celles qui ont une longue tige droite derrière elles.

problèmes

Les araignées rouges, les aleurodes et les pucerons peuvent attaquer les cultures sous serre (p. 42-44) ; les limaces peuvent être une nuisance en extérieur.

récolte

Coupez les concombres lorsqu'ils atteignent la bonne longueur, en conservant une partie du pédoncule. Une fois qu'ils sont mûrs, récoltez-les rapidement, ou ils jauniront.

stockage

Les concombres sont meilleurs juste après la cueillette. Ils se gardent quelques jours au frais, pas plus. Les cornichons se mangent frais ou conservés au vinaigre.

variétés

concombres : 'Vert long maraîcher', 'Vert petit de Paris', 'Arizona', 'Vert long de Chine', 'Napoléon', 'White Wonder'

cornichons : 'Parigyno', 'Ceto', 'Santana', 'Mepran', 'Régal', 'Stimora', 'Vert petit de Paris', 'Parnita'

courgette et courge

Grand classique du potager en été, les courgettes offrent de multiples possibilités en cuisine. Chaque plant produit une quantité impressionnante de fruits, verts ou jaunes, ronds ou longs, selon les variétés. Pour obtenir des courges, vous pouvez laisser les courgettes grossir ou plantez des variétés spécifiques. Ces cultures sont faciles et très prolifiques.

situation et sol

Choisissez un emplacement dégagé et ensoleillé, abrité des vents qui peuvent déchirer les grandes feuilles. Les courgettes poussent dans tous les bons sols de jardin, de préférence riches en humus (p. 12) ; n'hésitez pas à enrichir le sol en compost ou en fumier bien décomposé. Certains jardiniers font pousser les courgettes dans une poche de terreau au sommet du tas de compost.

semis et plantation

Vous pouvez semer sous abri au début du printemps, ou en extérieur à la fin. Ne semez pas trop tôt : replantez les jeunes plants élevés sous abri ou mettez à germer les graines en pleine terre après les dernières gelées.

Si vous élevez vos plants sous abri, semez deux graines dans chaque alvéole ou pot individuel, en posant les graines sur le côté. Enlevez le plant le plus faible si les deux graines ont germé. Faites endurcir les plants (p. 34) avant de les transplanter. Pour semer en extérieur, semez deux graines par poquet, en espaçant les plants de 1 m pour les variétés grimpantes et jusqu'à 2 m pour les variétés rampantes.

	J	F	M	A	M	J	J	A	S	O	N	D
Semer				•	•	•						
Planter					•	•						
Récolter							•	•	•			

Délai entre la plantation et la récolte : 8 semaines

entretien

Arrosez généreusement, surtout au début. Palissez les variétés rampantes sur des supports solides ou étalez leur feuillage au sol. Ancrez les grandes tiges si l'emplacement est venté.

problèmes

Les limaces figurent parmi les pires ennemis des courges et des courgettes, qui sont plus vulnérables lorsque les plants viennent de germer ou d'être transplantés. Différents virus (p. 44) peuvent également les attaquer. Il faut alors brûler les plants gravement affectés.

récolte

Cueillez les courgettes dès qu'elles sont assez grandes. Plus elles sont petites, plus fins sont leur parfum et leur texture, mais si elles sont peu nombreuses, vous pouvez les laisser grossir quelque peu. Ne les laissez pas devenir énormes. Enlevez tous les fruits trop gros pour encourager la formation de petits fruits.

stockage

Les courgettes se gardent quelques jours au réfrigérateur, mais elles sont meilleures juste après la récolte. Si vous en avez trop, coupez-les en tranches que vous faites frire dans un peu d'huile et que vous congelez pour préparer des soupes, sauces et ragoûts. Les courges se conservent quelques mois dans un endroit frais, bien ventilé et à l'abri de la lumière : laissez la peau se durcir d'abord au soleil après la récolte.

variétés

à fruits verts : 'Sardane', 'Altéa', 'Grisette de Provence, 'Ronde de Nice', 'Géode', 'Amira', 'Black Beauty', 'Élite', 'Diamant', 'Verte non coureuse d'Italie', 'Grison', 'Reine des Noires', 'Defender'
à fruits jaunes : 'Gold Rush', 'Parador'
à fruits blancs : 'Opal', 'Blanche de Virginie', 'Kriti', 'Amalthée'

potiron et citrouille

Les citrouilles et les potirons sont un ingrédient délicieux en cuisine. Les gourdes (également appelées calebasse ou cougourde) sont aussi des cucurbitacées et se cultivent comme les potirons. Les courges se cultivent comme les courgettes (p. 204-207). Si vous les nourrissez et les arrosez généreusement, leur culture est ultrasimple.

situation et sol

Les citrouilles et les potirons aiment les emplacements découverts et ensoleillés, bien qu'ils tolèrent un peu d'ombre. Il leur faut un sol profond, riche en matière organique (p. 12) ; n'hésitez pas à faire un apport copieux de fumure ou de compost. Pour les grosses citrouilles, vous pouvez les planter dans une poche de terreau placée sur un tas de fumier ou de compost.

semis et plantation

Si vous cultivez les citrouilles pour les manger, et non pour en faire des lanternes ou participer à un concours de citrouilles géantes, choisissez une variété de petite taille. Vous trouverez des plants en jardinerie.

Semez sous abri, à la fin du printemps pour avoir des jeunes plants dès que les risques de gel sont passés. Placez les graines sur le côté, en pots individuels, et recouvrez-les d'une couche de compost. Laissez les plants se développer sous abri, puis faites-les endurcir (p. 34) avant de les transplanter. Les distances changent selon les variétés : les variétés buissonnantes ont besoin de 60 à 100 cm, les rampantes jusqu'à deux fois plus.

	J	F	M	A	M	J	J	A	S	O	N	D
Semer				•	•	•						
Planter					•	•	•					
Récolter								•	•	•		

Délai entre la plantation et la récolte : 12 semaines

entretien

Désherbez avec soin, sans déstabiliser les plants. Arrosez bien, surtout au début. Les variétés rampantes peuvent être palissées ou laissées au sol. Fichez les tiges au sol dans les zones exposées au vent.

problèmes

Les limaces sont une nuisance, surtout au début, lorsqu'on sort les plantes. Ensuite, elles s'attaquent même aux fruits. Le mildiou (p. 42) peut également causer des dégâts : veillez à assurer une bonne ventilation et ignorez les cas légers.

récolte

Récoltez dès que les fruits ont atteint une taille suffisante. Détachez-les de la tige principale en laissant le pédoncule. Si vous avez l'intention de les conserver, laissez-les sur le plant le plus longtemps possible.

stockage

Les citrouilles, potirons et gourdes d'hiver se conservent plusieurs mois, selon les variétés. Laissez-les sur le plant jusqu'au moment où les premiers gels sont annoncés, puis coupez-les et conservez-les dans un endroit sec, frais et aéré, à l'abri du gel.

variétés

potirons : 'Pink Jumbo Banana', 'Buttercup', 'Rouge vif d'Étampes', 'Bleu de Hongrie', 'Galeux d'Eysines', 'Martinica', 'Vert d'Hokkaido', 'Soleil rouge', 'Jaune de Paris', 'Red Kuri', 'Chesnut Bush'
gourdes d'hiver : 'Crown Prince', 'Blue Hubbard', 'Festival', 'Hunter', 'Sweet Dumpling', 'Orange Dawn', 'Giraumon Turban'
gourdes d'été : 'Sunburst', 'Zéphyr', 'Green Buttons', 'Scallopini Mix', 'Early Golden Crookneck'

épinard

Bourré de vitamines A et C, l'épinard agrémente les légumes au wok ou mijotés, les salades et les soupes. Cueillez les jeunes feuilles tendres pour les consommer crues et réservez les plus grosses pour la cuisson. Les épinards sont de culture facile mais n'aiment pas trop la chaleur.

situation et sol

L'épinard est l'une des rares cultures qui se satisfait d'un peu d'ombre, surtout l'été, car, par temps chaud, il risque de monter en graine. Choisissez un emplacement dégagé, bien ventilé, ou cultivez les épinards d'automne sous abri. La plupart des sols conviennent, l'idéal étant une planche engraissée pour une culture précédente.

semis et plantation

Semez directement dans la terre, sous serre ou en pots, ou sous cloche pour les récoltes précoces et tardives. Les semis en pleine terre peuvent se faire à partir du printemps. Échelonnez-les toutes les deux semaines pour avoir une production continue.

Semez en sillons de 1 cm de profondeur, en espaçant les rangs de 30 cm. Éclaircissez les semis lorsqu'ils sont assez grands, et conservez un plant tous les 15 cm, sauf pour les variétés à petites feuilles qui peuvent être éclaircies à 10 cm. Pour limiter l'éclaircissement, vous pouvez semer en godets (p. 34). Si vous cultivez en carrés (p. 18), espacez les plants de 15 cm environ.

	J	F	M	A	M	J	J	A	S	O	N	D
Semer			•	•	•				•			
Récolter				•	•	•					•	•

Délai entre la plantation et la récolte : 5 semaines

entretien

L'épinard est une culture facile et rapide. Désherbez avec soin, surtout au début de la croissance. L'arrosage est nécessaire pour garantir un développement régulier, surtout par temps chaud.

problèmes

La culture de l'épinard ne pose pas beaucoup de problème, mis à part le risque de mildiou (p. 42), contre lequel une bonne ventilation est indispensable. L'autre problème possible est la montée en graine (p. 212) et, là, il n'y a pas grand-chose à faire. Pour éviter cela, arrosez régulièrement et plantez les variétés d'été à l'ombre.

récolte

Commencez à cueillir les feuilles dès qu'elles sont assez grandes, en en prenant quelques-unes sur chaque plant. Si vous avez besoin de tout le plant, il vaut mieux couper les feuilles au-dessus de la tige principale pour avoir une deuxième récolte. Continuez à prélever des feuilles jusqu'à ce que les plants commencent à monter en graine. En semant tous les 15 jours, vous devriez avoir une récolte permanente.

stockage

Les épinards ne se conservent pas, il faut les consommer dès la récolte. Vous pouvez aussi congeler les feuilles après les avoir blanchies.

variétés

'Bordeaux', 'Géant d'Hiver', 'Lagos', 'Monstrueux de Viroflay', 'Matador', 'Dolphin', 'Lazio', 'Puma', 'Junus', 'Nordique', 'San Verdo'.

tétragone et bette-épinard

Ces deux légumes-feuilles, employés en cuisine comme l'épinard, sont encore plus faciles à cultiver, car ils n'ont pas tendance à monter en graine (p. 212). Leur saison de production est étendue, ce qui permet d'avoir des légumes frais toute l'année.

situation et sol

Pas difficiles, bette-épinard et tétragone tolèrent des conditions de culture variées et différents types de sols. Si la bette-épinard supporte les expositions ventées et exposées, la tétragone tolère bien la chaleur. L'hiver, vous pouvez cultiver la poirée sous serre.

semis et plantation

Semez en pleine terre à partir du milieu du printemps, en sillons de 2 cm de profondeur, en espaçant les rangs de 40 cm. Éclaircissez la bette-épinard à environ 23 cm, la tétragone à 45 cm. Vous pouvez aussi semer en godets (p. 34) pour ne pas avoir à éclaircir. Pour les cultures en carrés (p. 18), respectez les mêmes distances.

	J	F	M	A	M	J	J	A	S	O	N	D
Semer			•	•	•			•				
Récolter	•	•	•	•	•	•	•	•	•	•	•	•

Délai entre la plantation et la récolte : poirée : 8 semaines ; tétragone : 6 semaines

entretien

Désherbez avec soin, surtout la tétragone, qui a tendance à s'étaler et peut se trouver enchevêtrée dans les mauvaises herbes au moment de la récolte. Arrosez les bettes-épinards régulièrement par temps sec, tandis que la tétragone tolère la sécheresse.

problèmes

À part les nuisances habituelles, comme les limaces qui attaquent les jeunes feuilles, il n'y a pas grand-chose à craindre. La bette-épinard peut souffrir de la cercosporiose de la betterave, un champignon qui produit, sur le feuillage, des taches pâles bordées de rouge. Ce problème reste généralement insignifiant.

récolte

Commencez à cueillir des feuilles dès qu'elles sont assez grandes. Les plantes continuent de produire durant plusieurs semaines. Si les plants semblent fatigués, coupez toutes les feuilles et commencez une nouvelle culture. Vous pouvez cueillir et consommer les jeunes pousses de tétragone en même temps que les feuilles. Les bettes-épinards semées à la fin de l'été peuvent être récoltées tout l'hiver, si vous les cultivez sous abri.

stockage

Les feuilles se consomment dès la récolte car elles fanent rapidement. Mais il est possible de les congeler.

variétés

Ces variétés sont vendues sous leur nom d'espèce, la bette-épinard étant parfois appelée « poirée verte à couper».

poirée

Les cardes croustillantes ou souples, blanches, roses, jaunes, rouges ou multicolores de la poirée sont une fête pour les yeux et pour le palais. Fraîchement récoltées, ses feuilles gaufrées, très décoratives, offrent un croquant incomparable.

situation et sol

La poirée est une plante tolérante qui pousse au soleil ou à l'ombre, et supporte même les expositions ventées. Il s'adapte à la plupart des sols, pourvu qu'ils soient suffisamment profonds.

semis et plantation

Semez en caissettes alvéolées ou en pots individuels, sous abri, ou même directement en pleine terre. Elle est important de semer léger, car chaque « graine » est en réalité un amas de plusieurs graines. Les semis de fin d'été donnent la récolte d'hiver, en serre ou en extérieur, les cultures en serre étant plus prolifiques.

En pleine terre, semez en sillons de 2 cm de profondeur, en espaçant les rangs de 45 cm. Éclaircissez ensuite les plants à 23 cm. Vous pouvez également semer en poquets espacés de 23 cm (p. 34). Si vous cultivez en carrés (p. 18), espacez les plants de 30 cm.

	J	F	M	A	M	J	J	A	S	O	N	D
Semer			•	•			•	•				
Récolter	•	•					•	•	•	•	•	•

Délai entre la plantation et la récolte : 8 semaines

entretien

La poirée demande peu d'entretien, vu la durée de la saison. Arrosez par temps sec pour favoriser une croissance continue. Pour les cultures d'hiver, l'emploi de cloches vous donnera des cardes plus belles.

problèmes

Cette culture pose rarement des problèmes. Elle peut souffrir de la cercosporiose de la betterave (p. 18), mais, généralement, cette attaque reste limitée, et aucun traitement n'est nécessaire. La mouche de la betterave peut aussi poser des problèmes. Si vous en découvrez, vous pouvez écraser les larves entre vos doigts.

récolte

Vous pouvez commencer à couper les feuilles dès qu'elles ont atteint la taille désirée, mais en en laissant quelques-unes sur chaque plante pour qu'elle continue à se développer. Si elles deviennent trop grandes et coriaces, coupez-les toutes, et la plante se régénérera.

stockage

Les cardes de poirée se fanent rapidement ; il vaut mieux les utiliser juste après la cueillette, mais on peut également les congeler.

variétés

'Verte à carde blanche', 'Bressane', 'Blonde à carde blanche', 'Blonde de Lyon', 'Blonde de Nice'

chou marin

Le chou marin, ou crambé maritime, est un légume de la famille des Brassicacées. La tige se cuit à la vapeur, comme l'asperge, tandis que les feuilles se consomment en légume ou en soupe. Le chou marin produit pendant six ans environ et son feuillage argenté apporte une note décorative au potager (p. 24).

situation et sol

Dans la nature, le chou marin pousse sur les plages ; il apprécie donc les emplacements ensoleillés. Le sol doit être sablonneux et bien drainé, avec toutefois un ajout de matière organique bien décomposée (p. 12). Préparez le terrain avec soin car cette plante reste en place plusieurs années.

semis et plantation

Le chou marin peut se semer ou se planter à partir de racines. La graine possède une enveloppe très dure, qu'il est conseillé de passer au papier de verre pour l'assouplir avant la semaison. Semez en pots ou en plein air au printemps, et transplantez lorsque les plants sont suffisamment grands.

Vous pouvez aussi acheter des plants ou découper des morceaux de racines sur un plant de trois ans, au début de l'hiver. Placez les morceaux de racines à la verticale dans du sable mouillé, dans un endroit frais. Plantez-les en extérieur au milieu du printemps, une fois que des bourgeons se sont formés au sommet, en les espaçant de 60 cm.

	J	F	M	A	M	J	J	A	S	O	N	D
Semer			•									
Planter			•	•								
Récolter			•	•	•							

Délai entre les semis et la récolte : 2 ans; entre la plantation et la récolte : 1 an

entretien

Il n'y a pas grand-chose à faire, sauf un désherbage régulier car le chou marin n'aime pas être envahi. Pour nourrir les plants, chaque année après la récolte (p. 36) épandez du compost bien décomposé et incorporez dans la terre un peu de farine d'os ou d'algues.

problèmes

Les limaces peuvent constituer une nuisance et s'attaquer suffisamment au feuillage pour détruire la plante ; il est donc conseillé de les éliminer.

récolte

À la fin de l'hiver ou au début du printemps, couvrez les plants d'un seau pour les abriter de la lumière, puis recouvrez le haut de paille pour conserver la chaleur. Les tiges blanchies peuvent être récoltées dès qu'elles atteignent une taille suffisante. Continuez de couper les tiges jusqu'à la fin du printemps, puis laissez la plante se reposer.

stockage

Le chou marin ne se conserve pas. Il faut le consommer dès qu'il est récolté.

variétés

'Angers', 'Ivory White', 'Lily White'.

rhubarbe

Les premières tiges de rhubarbe, d'un rose délicat, sont un vrai régal. La rhubarbe est une culture facile et prolifique, qui produit plusieurs années. La saveur distincte de ses tiges rouges se marie avec des préparations sucrées ou salées.

situation et sol

La rhubarbe apprécie le soleil ou les situations légèrement ombragées. Elle supporte un peu de vent, mais préfère être protégée. Elle pousse très bien sur la plupart des sols, à condition qu'ils ne soient pas gorgés d'eau, mais l'idéal est un sol profond et fertile. Préparez bien son emplacement en enfouissant une bonne quantité de matière organique bien décomposée (p. 12).

semis et plantation

La rhubarbe peut se semer, mais les résultats sont variables. Il est préférable de partir de jeunes pieds ou d'éclats sectionnés à la bêche sur un pied adulte. Plantez dans un sol préparé six mois à l'avance, où vous aurez pris soin d'enlever toutes les mauvaises herbes vivaces. Plantez au milieu ou à la fin de l'automne, ou encore à la fin de l'hiver et au début du printemps, si le temps le permet. La seconde période est préférable dans les zones froides et humides. Plantez la couronne juste au-dessous de la surface du sol. Si vous mettez en terre plusieurs pieds, espacez-les de 1 m.

	J	F	M	A	M	J	J	A	S	O	N	D
Planter		•	•							•	•	
Récolter		•	•	•	•	•						

Délai entre la plantation et la récolte : 26 à 36 semaines

entretien

Enlevez toutes les mauvaises herbes vivaces, qui sont difficiles à éradiquer une fois installées. Enlevez les tiges florales dès qu'elles se sont formées. Appliquez chaque automne un paillage de matière organique bien décomposée (p. 38), et enlevez les feuilles mortes pour laisser le gel atteindre la couronne.

problèmes

La rhubarbe est généralement sans problème. Il peut toutefois arriver qu'une infection virale se manifeste (p. 44). Dans ce cas, il faut déterrer et brûler le plant, puis recommencer la culture en changeant d'emplacement.

récolte

La deuxième année, commencez à arracher les tiges, sans les couper, dès qu'elles apparaissent au printemps, en en laissant une sur deux environ. Cessez de récolter au milieu de l'été pour que le plant ait le temps de se régénérer. Certaines variétés peuvent être forcées après les premiers gels pour les inciter à produire des tiges plus tendres. Pour cela, recouvrez le plant d'un seau profond ou d'une poubelle pour les abriter de la lumière (ce qui blanchit les feuilles) et recouvrez le seau de paille pour élever la température. Vous devriez obtenir une récolte plus précoce de trois semaines.

stockage

La rhubarbe ne se conserve pas bien fraîche, mais on peut la congeler après l'avoir cuisinée.

variétés

'Rouge Monarque', 'Red Champagne', 'Victoria'

maïs doux

Le maïs doux du jardin est nettement meilleur que celui du commerce : les sucres commencent à se transformer en amidon dès la cueillette, et la fraîcheur est donc essentielle. Cuisez les épis au barbecue juste après la récolte. Choisissez des cultivars super-doux ou des variétés à maturation rapide pour les climats plus frais.

situation et sol

Le maïs doux aime les sites dégagés et ensoleillés. Évitez les emplacements exposés au vent, bien qu'il y soit assez résistant. Le maïs pousse sur tous les sols à condition qu'ils ne soient ni trop secs, ni trop humides. Un sol bien drainé, modérément fertile, est idéal. Le maïs peut aussi se cultiver sous serre, surtout dans les régions où le sol est long à se réchauffer.

semis et plantation

Le maïs peut être semé sous abri dans des caissettes à alvéoles ou en pots au milieu du printemps, ou en pleine terre au début de l'été. Ne semez pas trop tôt, il faut vraiment attendre que le gel soit passé pour planter en pleine terre, et le sol doit être au moins à 16 °C pour les semis ou plantations en extérieur. Couvrez le sol d'un film polyéthylène pour le réchauffer.

Pour favoriser la pollinisation, il vaut mieux planter le maïs en carrés plutôt qu'en rangs. En extérieur, semez en poquets (p. 34) à 30-35 cm d'intervalle.

	J	F	M	A	M	J	J	A	S	O	N	D
Semer				•	•	•						
Planter						•	•					
Récolter							•	•	•			

Délai entre la plantation et la récolte : 12 semaines

entretien

Désherbez avec soin, de préférence à la main, car le système radiculaire est fragile. Dans les zones exposées au vent, il peut être nécessaire d'installer une barrière protectrice ou de soutenir les plants, en les buttant, par exemple, à mesure qu'ils grandissent pour garantir leur stabilité. Arrosez généreusement lorsque les épis commencent à se former.

problèmes

Généralement, le maïs ne pose pas de problème. Les limaces peuvent attaquer les jeunes plants, il faut donc les surveiller attentivement. Les rongeurs et les oiseaux, en particulier les faisans, peuvent voler les semis ou les épis en train de mûrir. La pose d'un filet permettra de protéger la récolte.

récolte

Lorsque l'enveloppe brunit, les grains sont mûrs, et vous pouvez casser l'épi juste à la base.

stockage

Le maïs doux est meilleur s'il est consommé immédiatement. Il peut néanmoins se garder quelques jours au réfrigérateur. Vous pouvez aussi le congeler.

variétés

'Épi d'Or', 'Top Sun', 'Sweet Scarlet', 'Early King', 'Arc-en-Ciel inca', 'Micro', 'Sugar Finger', 'Honey Bantam', 'Yukon Chief', 'Tom Pouce', 'Robust'.

annexes

index

crédits photographiques

Alamy John Glover 225 ; Alison Thompson 113 ; Arco Images GmbH 167; Bon Appetit 177 ; Dave Bevan133 ; Holmes Garden Photos 155 ; Interfotot Pressebildagentur 125 ; Nigel Cattlin 43, 126, 161; Organics Image Library 227; The National Trust Photolibrary 147.

Clive Nichols 143, 171, 205, 207.

FLPA Duncan Smith 63 ; Nigel Cattlin 57, 233.

Fotolia Natalyaivania 203; Tomcat2170 109.

Gap Photos Clive Nichols 15, 123 ; Elke Borkowsk 193 ; Elke Borkowski 9, 25, 31, 47 ; FhF Greenmedia 21, 37, 129 ; Friedrich Strauss 185 ; Geoff du Feu 89 ; Geoff Kidd 45 ; Graham Strong 27 ; Howard Rice 219 ; J.S. Sira 93 ; Jonathan Buckley 71, 99, 103, 183 ; Maddie Thornhill 35 ; Marcus Harpur 235 ; Mark Bolton 59, 61, 69, 97 ; Maxine Adcock 75 ; Neil Holmes 119 ; Nicola Browne 111, 153 ; Paul Debois 137 ; Rice/Buckland 13, 39 ; Richard Bloom 73 ; S & O 8, 29, 67 ; Sarah Cuttle 49 ; Victoria Firmston 81 ; Visions 33, 197, 201 ; Garden Picture Library Michael Howes 53.

Garden World Images 121, 139 ; Dave Bevan 43, 50, 87, 91, 145, 165, 187, 223 ; FhF GreenMedia/ Richard Loader 95 ; Glenn Harper 163 ; Jacqui Dracup 45 ; Liz Cole 55 ; Martin Hughes-Jones 181 ; Mein Schoener Garten 17, 85, 191 ; Nicholas Appleby 19 ; R. Loader 159 ; Rita Coates 83 ; Sarah Lee 199 ; Sharon Pearson 217 ; Trevor Sims 131, 157.

istockphoto.com Blue Sunflower images 115 ; Magdalena Rittenhouse 213 ; Robert Simon 215.

Octopus Publishing Group Ltd Juliet Greene 179 ; Freia Turland 41, 43, 45, 105, 189, 221 ; Howard Rice 77, 169 ; Laura Forrester 23, 195 ; Michael Boys 149, 229.

Photolibrary Alec Scaresbrook 175 ; Botanica 211 ; Duisterhof Miki 151; Francois De Heel 65 ; Howard Rice 79, 107 ; Jacqui Hurst 209, 231 ; Mayer/Le Scanff 135 ; Michael Howes 141 ; Ottmar Diez 101 ; Paul Franklin 173.

Shutterstock Cameron Cross 117.

7331177 / 01
ISBN : 978-2-501-12043-2
Dépôt légal : février 2017
Achevé d'imprimer en janvier 2017 en France
sur les presses de Pollina Imprimerie. L78979.

Hachette Livre – Éditions Marabout
58 rue Jean-Bleuzen – 92178 Vanves Cedex

MARABOUT
s'engage pour l'environnement
en réduisant l'empreinte carbone
de ses livres.
Celle de cet exemplaire est de :
1100 g éq. CO_2
Rendez-vous sur
www.marabout-durable.fr

PAPIER À BASE DE
FIBRES CERTIFIÉES